TINA TURNER

mit Regula Curti und Taro Gold

Happiness

Mein spiritueller Weg

Aus dem amerikanischen Englisch
von Bernhard Kleinschmidt

KNAUR
BALANCE

Die amerikanische Originalausgabe erscheint unter dem Titel
»Happiness Becomes You: A Guide to Changing Your Life for Good«
bei ATRIA Books, an Imprint of Simon & Schuster, Inc.,
New York, NY 10020

Besuchen Sie uns im Internet:
www.knaur-balance.de

Aus Verantwortung für die Umwelt hat sich die Verlagsgruppe
Droemer Knaur zu einer nachhaltigen Buchproduktion verpflichtet.
Der bewusste Umgang mit unseren Ressourcen, der Schutz unseres Klimas
und der Natur gehören zu unseren obersten Unternehmenszielen.
Gemeinsam mit unseren Partnern und Lieferanten setzen wir uns
für eine klimaneutrale Buchproduktion ein, die den Erwerb
von Klimazertifikaten zur Kompensation des CO_2-Ausstoßes einschließt.
Weitere Informationen finden Sie unter: www.klimaneutralerverlag.de

MIX
Papier aus verantwor-
tungsvollen Quellen
FSC® C083411

2 4 5 3 1

Dieses Buch widme ich dir …
zu Ehren deiner
ungesehenen Anstrengungen,
über jedes Problem zu triumphieren,
das dir das Leben sendet.

Inhalt

Einleitung

Wo ich auch hinkomme, berührt es mich, wenn Menschen mir berichten, wie inspiriert sie von meiner Lebensgeschichte und von den Herausforderungen sind, die ich in meinen acht Jahrzehnten auf dieser Erde überwunden habe.

Ich bin von Natur aus eine Überlebenskünstlerin, und ich hatte Hilfe, womit ich weder Erfolg noch Geld meine, obwohl ich mit beidem gesegnet bin. Die Hilfe, die entscheidend für mein Wohlbefinden, meine Freude und meine Widerstandskraft war, ist mein spirituelles Leben.

Das ist eine große Behauptung, die leicht auszusprechen und schwer zu erklären ist. Ich aber freue mich sehr darauf, mit dir in diesem Buch die Geschichte meiner spirituellen Reise zu teilen.

Ich wollte immer eine Lehrerin sein, glaubte jedoch, auf den Moment warten zu müssen, an dem ich etwas Wichtiges zu sagen habe, weil ich mir nicht sicher war, wie ich wahre Weisheit vermitteln kann.

Jetzt ist diese Zeit gekommen.

Während ich dies schreibe, befinden wir uns inmitten der schlimmsten Pandemie der vergangenen hundert Jahre. Durch diese Tragödie trauern viele von uns um einen geliebten Menschen, viele weitere haben traurigerweise ihre Existenzgrundlage verloren. Das Herz tut mir weh, während ich mit dir in dieser neuen, ungewissen Landschaft stehe.

Selbst wenn du zu denjenigen gehören solltest, die von diesem Unglück nicht direkt betroffen sind, wissen wir doch alle, dass niemand durchs Leben kommt, ohne Widrigkeiten zu begegnen. Mehr denn je glaube ich, dass wir uns für Hoffnung entscheiden und unsere Schwierigkeiten dazu nutzen müssen, vorwärts und aufwärts zu gelangen.

Über Widrigkeiten habe ich in den vergangenen zehn Jahren oft nachgedacht, während ich mit einer Reihe schwerer gesundheitlicher Krisen kämpfte, die mich beinah das Leben gekostet hätten. Dabei hatte ich viele Gelegenheiten, mein Leben zu überdenken und mir ein paar wichtige Fragen zu stellen.

Wie habe ich es geschafft, so viele ernste Probleme zu überwinden? Ihr kennt die Liste vielleicht, und sie ist lang – eine unglückliche Kindheit, Verlassenwerden, Missbrauch in der Ehe, stagnierende Karriere, finanzieller Ruin, früher Tod von nahen Familienmitgliedern und verschiedene Krankheiten.

Es gab so viele äußere Umstände und Kräfte, die ich nicht ändern oder beherrschen konnte, aber ich hatte eine Erkenntnis, die entscheidend für mein Leben war: Ich konnte die Art und Weise ändern, in der ich auf diese Herausforderungen reagierte. Die wertvollste Hilfe kommt von innen, und der Frieden tritt ein, wenn wir individuell daran arbeiten, unser besseres Selbst zu werden. Damit begann ich in meinen Dreißigern, als ich die transformierende Kraft der Spiritualität entdeckte.

Spiritualität ist nicht an eine bestimmte Religion oder Philosophie gebunden. Sie ist auch nicht das exklusive Privileg von Priestern oder anderen Klerikern. Spiritualität ist unser persönliches Erwachen und unsere Beziehung zu Mutter Erde und zum Universum, durch die wir offener und positiver werden.

Mein eigenes Erwachen begann vor fünf Jahrzehnten durch Praxis und Studium buddhistischer Lehren. Schon lange habe ich den Traum, die Geschichte dieses wertvollsten Teils meines Lebens mitzuteilen. Dieses Buch beschreibt meine persönliche Orientierungshilfe, wie wir bleibendes Glück erschaffen können. Es enthält spirituelle Wahrheiten, die ich auf meinem ungewöhnlichen Weg zur Freude erworben habe, von meiner Kindheit bis zum heutigen Tag.

Hier schreibe ich über die größten bisher unbekannten Lektionen, die das Leben mich gelehrt hat, über meine tiefsten Erkenntnisse und über segensreiche altbewährte Prinzipien, die auch dir helfen können, deine Seele wieder lebendig zu machen.

Ich gebe dir diese Einsichten weiter, damit du die Werkzeuge hast, um deine Hindernisse zu überwinden – selbst wenn deine Herausforderungen so unmöglich erscheinen wie diejenigen, denen ich begegnet bin – und um deine Träume zu verwirklichen, sodass du wirklich glücklich werden kannst. Ich wünsche dir, dass du dein Herz und deinen Verstand öffnest, deinen Geist mit frischer Hoffnung, neuem Mut und Mitgefühl erfüllst und dass du die Welt verändern kannst, indem du dein Leben änderst.

Lass dir von mir die vielen wunderbaren Wege zeigen, auf denen du dein Glück zu finden vermagst.

I
Willkommen in der Natur

Danke, dass du genau so bist, wie du bist. Danke für das Gewebe deiner Lebenserfahrungen, die dich dazu gebracht haben, diese Worte zu lesen, die ich gerade für dich schreibe.

Danke, dass du dieses Buch geöffnet hast, damit ich mit dir die spirituellen Erfahrungen teilen kann, die ich in über achtzig Lebensjahren gemacht habe.

Wir alle sind, wie ich glaube, mit einer jeweils einzigartigen Mission geboren, mit einem Zweck im Leben, den nur wir erfüllen können. Dabei verbindet uns eine gemeinsame Verantwortung – unserer menschlichen Familie zu helfen, freundlicher und glücklicher zu werden.

Wie das Universum seinen Gang nimmt, habe ich zuerst durch das erfahren, was ich in meiner Kindheit in Nutbush erlebte, einem kleinen Ort im ländlichen Tennessee. Ich verbrachte viel Zeit an der frischen Luft, lief durch die Felder, blickte hinauf zu Sonne, Mond und Sternen, beobachtete die Tiere – zahme und wilde – und lauschte den Geräuschen der Natur.

Schon als kleines Mädchen spürte ich eine unsichtbare universelle Kraft, wenn ich jeden Tag durch die weite, offene

Landschaft ging. Die Zwiesprache mit der Natur hat mich gelehrt, meiner Intuition zu vertrauen, die immer den Heimweg zu kennen schien, wenn ich mich einmal verirrt hatte, den Baum mit dem Ast, der sich am besten zum Schaukeln eignete, und den Ort, an dem sich im Fluss ein heimtückischer Stein verbarg.

Ich lernte, auf mein Herz zu hören, das mich lehrte, dass du und ich verbunden sind, miteinander und mit allem anderen auf dieser Erde. Was uns vereint, ist die geheimnisvolle Natur des Lebens selbst, die fundamentale schöpferische Energie des Universums.

In unserer komplexen Welt, die voller Widersprüche ist, finden wir selbst an den unwahrscheinlichsten Orten atemberaubende Schönheit. Zwischen dichten Gewitterwolken tauchen helle Regenbogen auf. Aus den unscheinbarsten Kokons schlüpfen phantastische Schmetterlinge. Und aus dem tiefsten, dicksten Schlamm ragen die herrlichsten Lotosblüten empor.

Was meint ihr, weshalb das Leben sich so eingerichtet hat?

Vielleicht sollen diese Regenbogen, Schmetterlinge und Lotosblüten uns daran erinnern, dass unsere Welt ein mystisches Kunstwerk ist, eine universelle Leinwand, auf die wir Tag für Tag mit den Pinselstrichen unserer Gedanken, Worte und Taten unsere Geschichten malen.

Obwohl ich es schon in der Kindheit instinktiv spürte, begann ich das Leben erst mit Anfang dreißig bewusst so zu sehen. Ich bin nicht sicher, ob mein neunjähriges Ich beim Baumwollpflücken in Tennessee von dem Tag träumte, an dem ich mit neunundvierzig der Königin von England die Hand schütteln würde. Auf einer tiefen Ebene war jedoch selbst dieser weit hergeholte Traum immer im Bereich meiner Vorstellungskraft.

Wer hätte wohl je erwartet, dass ein Mädchen vom Lande wie ich, geboren zwischen den letzten Tagen der Weltwirtschaftskrise und den ersten Tagen des Zweiten Weltkriegs, etwas Außergewöhnliches zustande bringen würde? Dennoch war mein Lebensweg wirklich wie eine Lotosblume, die trotz aller Widrigkeiten immer wieder erblüht und dabei jedes Mal stärker wird.

Egal, wo du geboren bist und wer deine Eltern sind, scheint es mir, dass wir alle mit einer Mischung aus Umständen anfangen, aus Dunkelheit und Licht. Manche von uns bekommen mehr von dem einen mit als von dem anderen. Und ich glaube, dass es eine unlösbare Verbindung zwischen uns und unseren Vorfahren gibt, dass wir auf den Schultern derer stehen, die vor uns gekommen sind.

Eines habe ich ganz ohne Zweifel gelernt – auf Widrigkeiten zu stoßen, wie ich es immer wieder erlebt habe, ist nicht unbedingt etwas Schlechtes. Über unseren Erfolg und unser Glück entscheidet, was wir daraus machen, wie wir es nutzen, um uns und unsere Zukunft zu gestalten.

Je dicker der Schlamm, desto stärker der Lotos, der darin erblüht und sich aus dem Dreck erhebt, um sich zur Sonne zu strecken. Dasselbe gilt für uns Menschen. Ich weiß es, weil ich es geschafft habe. Und ich weiß, dass auch du es schaffen kannst.

Wie mir das gelungen ist? Genau das will ich dir erzählen.

Mein Heimatort Nutbush liegt mitten in den von Geißblatt umwucherten Straßen von Haywood, einer County im Westen von Tennessee. Es war und ist noch heute ein ruhiges, landwirtschaftlich geprägtes Gebiet mit tiefen religiösen Wurzeln. Hier stehen die älteste, 1882 erbaute Synagoge von Tennessee und die Kirchen, die lange von Mitgliedern meiner

Familie aufgesucht wurden, die Spring Hill Baptist Church und die Woodlawn Baptist Church. Beide wurden von einem freigelassenen Sklaven namens Hardin Smith gegründet. Als Kind heimlich von der Frau eines Plantagenbesitzers unterrichtet, wurde Smith zum Prediger und sammelte eine Gemeinde um sich, aus der die Woodlawn Baptist Church wurde, in der mein Großvater und mein Vater später als Diakone fungierten.

Da sich Reverend Smith stark für die schulische Bildung engagierte, konnten in unserer County Anfang des zwanzigsten Jahrhunderts mehr Schwarze lesen und schreiben als sonst in Tennessee. Aus einer der von ihm gegründeten Schulen für schwarze Kinder entwickelte sich die Carver High School, die ich besuchte. Außerdem organisierte er schwarze Musiker und Sänger, verschaffte ihnen Auftrittsmöglichkeiten und schuf damit die Basis für die starke musikalische Tradition der Gegend, von der ich später profitierte.

Ich kam Ende 1939 ohne Komplikationen im Krankenhaus der County auf die Welt, in einem fensterlosen Untergeschoss, in das man die Entbindungsstation für schwarze Frauen verbannt hatte. Meine Eltern gaben mir den Namen Anna Mae, mit dem man mich über zwanzig Jahre lang rufen sollte.

Mein Vater Richard Bullock war der leitende Landpächter für eine weiße Familie mit Namen Poindexter. Gleich neben deren Haus und Farm stand unser eigenes Haus mit vier Zimmern und einem riesigen Gemüsegarten.

In den Häusern von Weißen waren Schwarze damals nur selten willkommen, aber meine ältere Schwester Alline und ich wurden von den Poindexters oft zu Limonade und einem Imbiss eingeladen. Nur wenn andere Weiße zu Besuch waren, wussten wir, dass wir das Haus nicht betreten durften.

Rassismus war der Normalzustand, und wie in vielen Regionen der Südstaaten Mitte des zwanzigsten Jahrhunderts kam es auch bei uns immer wieder zu Gewaltausbrüchen. Im Jahr nach meiner Geburt ereignete sich nicht weit von unserem Haus der letzte bekannte Lynchmord von Tennessee.

Ein Mann namens Elbert Williams war einer der ersten Bürgerrechtler in unserer Gegend gewesen. Im Jahr 1940 versuchte er, schwarze Wähler registrieren zu lassen, ein Recht, das man uns lange verweigert hatte. Für diese tapfere Tat musste er bald bezahlen. In einer furchtbaren Nacht wurde er von einem Sheriff und einer Schar weiterer Weißer aus seinem Haus verschleppt und brutal umgebracht.

Der Mord an Mr. Williams ließ die Bürgerrechtsbewegung in unserer County zwei Jahrzehnte lang verstummen.

Den verantwortlichen Sheriff habe ich manchmal selbst gesehen. Trotz seiner Verbrechen war er noch immer im Dienst. Die Leute sprachen nicht darüber. Über so etwas äußerte man sich einfach nicht. Zwischen den Weißen und den Schwarzen, die säuberlich getrennt voneinander lebten, herrschte eine brüchige Ruhe, die niemand stören wollte.

Trotz der allgegenwärtigen und zügellosen rassistischen Schikanen musste ich mir wegen unglücklicher Umstände Sorgen machen, die mich noch unmittelbarer betrafen. Zuerst war das die frühe desillusionierende Erkenntnis, dass meine Eltern sich auf den Tod nicht ausstehen konnten. Sie befanden sich ständig im Streit, verstrickt in einen hoffnungslosen Kampf, den niemand gewinnen konnte. Ihr Unglück warf einen langen Schatten über meine Kindheit.

Mit meiner Schwester ging meine Mutter Zelma liebevoll um, aber für mich galt das nicht. Sie ließ mich schon früh

Welch eine endlose Kette
aus Unglück
Vorurteile schmieden!
Lena Horne

»Liebe deinen Nächsten«
ist ein Grundsatz, der die Welt verwandeln könnte,
würde man ihn nur überall befolgen.
Mary McLeod Bethune

wissen, dass ich ein Kind war, das sie nicht gewollt hatte. Für ein kleines Mädchen ist so etwas eine schwere Last.

Mehrere Male haben meine Eltern versucht, von Nutbush wegzukommen, weil sie hofften, ein Ortswechsel würde ihnen eine Art neues Leben verschaffen. Ihre kleinen Töchter ließen sie dabei fatalerweise zurück. Ich war erst drei Jahre alt, als sie Arbeit auf dem Militärstützpunkt in Knoxville annahmen, mehr als fünfhundert Kilometer entfernt. Da wir kein Telefon besaßen, hatten wir keinen Kontakt zu ihnen, während sie fort waren. Sie wären mir näher vorgekommen, wenn sie auf den Mond gezogen wären, weil ich den wenigstens sehen konnte.

Obwohl meine Mutter stets jede emotionale Nähe zu mir vermied, waren ihre Verwandten mir gegenüber warm und fürsorglich. Ich liebte meine lebensfrohe Großmutter, die wir »Mama Georgie« nannten, und meine Cousine Margaret, die drei Jahre älter als ich war. Margaret wurde meine erste Mentorin, meine beste Freundin, meine Seelenschwester und in mancher Hinsicht sogar eine Mutterfigur. Dazu gehörte auch, dass sie mich aufklärte, als ich meine Tage bekam. Sie war die Einzige, die das tat.

Wenn meine Eltern wegfuhren, schickten sie Alline zu Mama Georgie, während ich zu Mama Roxanna und Papa Alex kam, den Eltern meines Vaters, die streng, düster und fanatisch bibeltreu waren. Für mich war das eine Qual, denn ich war lebhaft und ausgelassen. Ich lief mit Begeisterung durch die Felder, setzte mich in den Dreck, unterhielt mich lautstark mit meinen Freundinnen, tanzte durchs Haus und ließ die Haare fliegen. Im Haus meiner Großeltern war meine Wildheit absolut tabu.

Mama Roxanna zwang mich, zur Kirche zu gehen, wo die

brütende Hitze meine mangelnde Begeisterung noch verstärkte. Natürlich gab es keine Klimaanlage, und mein kindlicher Verstand fand es verblüffend, dass alle sich derart fein machten, nur um in einem Glutofen zu sitzen und zuzuhören, wie jemand redete. Was bei der Predigt gesagt wurde, verstand ich nie, da niemand sich die Mühe machte, es den Kindern zu erklären. Für mich, die ich in Schweiß getränkt dasaß, war es daher nur eine Übung in qualvoller Langeweile.

Einmal durften wir meine Eltern in Knoxville besuchen. Während wir dort waren, gingen wir in den Gottesdienst einer Pfingstgemeinde, der sich erheblich von der gedämpften Atmosphäre in unserer Baptistenkirche unterschied. Bei den Pfingstlern wurde es ziemlich lebhaft, was mich wesentlich mehr ansprach. Manchmal »überkam« der Heilige Geist die Gläubigen, die dann zwischen den Bänken laute Rufe ausstießen, tanzten und sangen. Jedenfalls war immer etwas los, was mehr mein Stil war. Ich sang und tanzte sofort mit.

Eines Tages war ich so hingerissen, dass mir beim Tanzen mein Rock hinunterrutschte. Manche Leute fielen sogar auf den Boden und bekamen Zuckungen, was ich mir damit erklärte, dass sie schlicht zu begeistert waren. Worum es bei den Pfingstlern ging, leuchtete mir zwar nicht mehr ein als der ruhigere Baptistengottesdienst, aber es war ein echtes Spektakel, das reinste Vergnügen!

Zu Hause mussten wir bei den Baptisten in die Sonntagsschule gehen, was mir manchmal ganz gut gefiel, weil ich gern mit anderen Kindern zusammen war. Richtig begeistert war ich dann, als ich endlich alt genug war, im Chor mitzusingen. Mit meinen acht oder neun Jahren war ich dort die Jüngste, alle anderen waren schon Teenager. Selbst in diesem Alter hatte ich jedoch schon die prägnanteste Stimme im Chor und wurde oft dazu ausgewählt, Solos zu singen. Da wir zu Hause kein Telefon besaßen, hatte ich gelernt, lautstark mit meinen Freundinnen und den Nachbarn zu kommunizieren, ohne meine Stimmbänder zu schädigen. Dadurch wurde meine Stimme kräftiger, was mir später im Leben zugutekam.

Als ich fünf war, kehrten meine Eltern nach Nutbush zurück, wodurch ich der erstickenden Atmosphäre bei meinen Großeltern entkam. Viel besser war es bei uns zu Hause allerdings nicht, weil meine Eltern sich noch immer mit Zähnen und Klauen bekämpften.

Immer, wenn sie aufeinander losgingen, rannte ich aus dem Haus und suchte mir einen abgeschiedenen Ort, um meine Ruhe zu haben.

Wenn ich an unserem Bach saß, beobachtete ich, wie die Libellen über dem Wasser schwebten, auf die Oberfläche herunterstießen, um ihren Durst zu löschen, und dann so schnell davonflitzten, wie sie aufgetaucht waren. Ich träumte schon davon, dass mir selbst Flügel wüchsen, damit ich zu einem glücklicheren Ort davonfliegen konnte, zu einem Zuhause, in dem kein Streit an der Tagesordnung war und wo man mich liebte, so wie ich war.

Das war tatsächlich nur ein Traum. Als ich elf war, ging meine Mutter zum letzten Mal fort und kam nie wieder. Sie zog nach St. Louis. Und schickte nie auch nur einen einzigen Brief. Nichts. Jeden Tag wartete ich auf die Post und hoffte, dass meine Mutter sich an mich erinnerte, doch ich sah sie erst fünf Jahre später wieder bei der Trauerfeier für Mama Georgie.

Bald nach meinem dreizehnten Geburtstag ging auch mein Vater fort. Sein Ziel war Detroit. Zuerst gab er sich Mühe, in Kontakt zu bleiben, und schickte ab und zu ein bisschen Geld zur Unterstützung meiner Verwandten, die sich um mich kümmerten. Aber auch er kam nie zurück. Jetzt war ich ein Kind ohne Eltern und ohne wirkliches Zuhause.

Glücklicherweise hatte ich weiterhin meine Cousine Margaret.

Margaret und ich waren ein Herz und eine Seele. Wir erzählten uns unsere Träume und vertrauten uns unsere Geheimnisse an. Als ich vierzehn war, verriet sie mir etwas, was ich nie erwartet hätte – sie war schwanger. Das brachte mich ganz durcheinander, weil sie immer so vorsichtig war. Sie war siebzehn, gab sich jedoch nicht so viel mit Jungen ab wie manche von den anderen Mädchen, und ihr größter Traum war es eigentlich gewesen, aufs College zu gehen.

Mit einem Baby könne man nicht aufs College, sagte sie mir, weshalb sie entschlossen sei, die Schwangerschaft abzubrechen. Wie sie das zustande bringen sollte, wusste sie allerdings nicht, weshalb sie es mit alten Hausmitteln versuchte, zum Beispiel mit einem warmen Gebräu aus schwarzem Pfeffer. Das trug ihr allerdings nur Bauchschmerzen und einen üblen Geschmack im Mund ein.

Ende Januar 1954, nicht mehr als eine Woche nachdem sie mir ihr größtes Geheimnis verraten hatte, starb Margaret tragischerweise bei einem schrecklichen Autounfall.

Das konnte ich einfach nicht glauben. Nicht meine Margaret. Das Licht meines Lebens.

Ich war am Boden zerstört. Verloren. Ganz allein.

Der Tod war etwas, worüber ich bis dahin nicht groß nachgedacht hatte. Mit elf Jahren war ich bei der Trauerfeier für Papa Alex gewesen, aber als ich ihn reglos im Sarg liegen sah, kam es mir vor, als würde er ruhig schlafen. Margaret zu

Geh jeden Tag in dich hinein
und finde deine innere Kraft,
damit die Welt dein Leuchten
nicht verlöschen lässt.
Katherine Dunham

Wir haben alle irgendeine Gabe,
und sei es die Gabe,
eine gute Freundin zu sein.
Marian Anderson

verlieren war etwas völlig anderes. Nichts hatte mich je so schwer getroffen.

In der Natur hatte ich den Kreislauf aus Leben und Tod bereits beobachtet, denn da kamen und gingen Pflanzen und Tiere in ihrem eigenen Rhythmus. Natürlich hatte ich auch gehört, wenn jemand bei uns im Ort gestorben war, junge wie alte Menschen und unter ganz verschiedenen Umständen. Aber diesmal war es etwas ganz Persönliches.

Nach Margarets Tod war viel vom Willen Gottes die Rede. Schließlich waren die Leute in unserem Ort tiefgläubige Baptisten, und da war das eine natürliche Reaktion auf die unvermutete Tragödie, durch die Margaret und mehrere weitere junge Menschen ums Leben gekommen waren, darunter meine Halbschwester Evelyn, die aus einer früheren Beziehung meiner Mutter stammte. Wenn ich über die Geheimnisse von Leben und Tod nachdachte, hatte ich keine Probleme mit der Vorstellung einer universellen Kraft, die allem zugrunde lag. Dass es irgendwo im Weltraum einen alten weißen Mann mit Bart gab, der das Geschehen hier auf der Erde überwachte, konnte ich jedoch nicht nachvollziehen. Es kam mir schlicht unglaubhaft vor.

Meine eigene Vorstellung von Gott konnte ich damals noch nicht formulieren, denn mir fehlte der nötige Wortschatz. Aber seit dem frühesten Alter, an das ich mich erinnern kann, wusste ich, dass ich in Mutter Natur etwas wie Göttlichkeit erfahren konnte. Irgendetwas in meinem Inneren sagte mir, dass ich ein Stück von Gott im Herzen trug, auch wenn die traditionellen Überzeugungen meiner Familie und die Art, wie sie ihre Religiosität praktizierte, nicht das Richtige für mich waren. Ich hätte mir gewünscht, dass sie umsetzten, was sie predigten, und ein positiveres Leben führten.

Besonders nach Margarets Tod war mir klar, dass ich meinen eigenen Weg finden musste. Ich musste mir einen eigenen Pfad zum Glück bauen.

Ich verbrachte viel Zeit im Freien, wo ich in Frieden nachdenken konnte. Die Natur war der einzige Ort, an dem ich mich immer willkommen fühlte und ein starkes Gefühl der Zugehörigkeit empfand. Sie war das eigentliche Zuhause meiner Kindheit. Ob ich nun nachts im Garten saß und in einen Himmel voller Sterne blickte oder mittags im Schatten eines Tulpenbaums lag und die Schmetterlinge vorüberflattern sah, ich spürte überall in der Natur eine heilende, liebevolle Kraft, die ich in mich einsog.

Auch sonst ließ ich mich von meiner instabilen familiären Situation nicht davon abhalten, Freude in der Welt um mich herum zu finden. In jenen Tagen waren Nutbush und andere Orte im Norden von Memphis ein Mekka für heimische und reisende Gospel-, Blues- und Jazzmusiker. Sie traten in unseren Kirchen, Cafés und Kneipen auf, und sie wurden zu meinem ersten musikalischen Einfluss. Ich konnte mich für die verschiedensten Arten von Musik begeistern und nutzte jede Chance. Einen Plattenspieler besaßen wir zwar nicht, aber wir hatten immer ein Radio, und das reichte mir völlig aus.

Ich sang nicht nur gern im Kirchenchor, sondern stand auch gelegentlich mit dem aus Nutbush stammenden Mr. Bootsie Whitelow und seiner Band auf der Bühne. Auf der Highschool brachte mein Musiklehrer mir sogar das Opernsingen bei. Ich hatte allerdings auch noch andere Interessen. So war ich beispielsweise Cheerleaderin und gut in Leichtathletik und Basketball.

Vor allem aber mochte ich Filme. Bei jeder Gelegenheit, die sich ergab, ging ich ins Kino, wo ich mir oft bestimmte Szenen einprägte und sie zu Hause vor meiner Familie nachspielte. Nachdem ich »Kleine tapfere Jo« gesehen hatte, gab ich gern die Szene zum Besten, in der Jo und Amy (dargestellt von June Allyson und Elizabeth Taylor) so tun, als fielen sie in Ohnmacht. Einmal ließ ich mich so überzeugend leblos auf den Boden plumpsen, dass meine Schwester Angst bekam, weil sie dachte, ich wäre tatsächlich weggetreten!

Phantasien aus der Welt des Kinos halfen mir oft über schwierige Zeiten hinweg. Wenn ich auf dem Feld arbeitete, um in der drückenden Hitze Baumwolle oder Erdbeeren zu pflücken, träumte ich von einem weit entfernten Paradies, in dem ich wie ein eleganter Filmstar leben würde. Ich hatte zwar keine Ahnung, wo sich dieses magische »Hollywood« befand, aber tief in meinem Innern wusste ich, dass es mir nicht vorbestimmt war, auf dem Land zu bleiben. Schon damals glaubte ich daran, dass die äußeren Umstände keine Schranken für meine Möglichkeiten bedeuteten. Ich wusste, dass ich eines Tages meinen Weg in die Welt hinaus finden würde.

Als ich mit fünf Jahren im Sommer in Knoxville gewesen war, hatte ich bereits eine Ahnung von einer anderen Welt bekommen – einer Welt mit hoch aufragenden Backsteingebäuden, breiten Straßen und blitzsauberen Geschäften, in denen es die neuesten Artikel gab. Als Mama Georgie nun, elf Jahre später, unerwartet starb, holte meine Mutter mich zu sich nach St. Louis. Dort begann ein ganz neues Leben für mich.

Da ich zum ersten Mal in einer Großstadt wohnte, kam ich mir wie eine Außenseiterin vor. Allerdings hatte ich mich schon in meiner eigenen Familie immer so gefühlt, weshalb ich mich schnell eingewöhnte. Und mit siebzehn schließlich hielt ich mich regelmäßig im Club Manhattan auf, einem pulsierenden, von Zigarettenrauch geschwängerten Musiklokal, in dem ich zwei Männer kennenlernte, die eine prägende Rolle in meinem Leben spielen sollten.

Der erste war Raymond Hill, ein begabter Saxophonist, mit dem mich eine kurze Affäre verband, aus der mein geliebter Sohn Craig hervorging. Der zweite war der Musiker und Bandleader Ike Turner, der für seinen bahnbrechenden Song »Rocket 88« bekannt war.

Als Ike mich im Club Manhattan sah, lud er mich ein, mit seiner Band zu singen. Er wurde zum Mentor für mich und brachte meine musikalische Karriere in Gang. Ich war begeistert. Da stand ich schon als Teenager mit hübschen Kleidern auf der Bühne und sang mir die Seele aus dem Leib. Ich hatte mir nie vorgestellt, dass eine solche Laufbahn für mich möglich wäre. Es kam mir zunächst vor wie ein wahr gewordener Traum – bis sich die Lage dramatisch änderte.

Denn obwohl ich es hätte besser wissen müssen, wurde Ike mein erster Ehemann. Das Beste, was aus unserer Beziehung hervorging, war Ronnie, mein zweiter geliebter Sohn. Außerdem zogen wir Ikes zwei Söhne aus erster Ehe auf, Ike Jr. und Michael, sodass ich vierfache Mutter war, während ich noch daran arbeitete, erwachsen zu werden.

Mit Ike zusammenzuleben sollte sich als eine schier endlose Reihe an Prüfungen herausstellen. Trotz meines erheblichen Widerstands änderte er schon in den frühen Tagen unserer Beziehung meinen Namen von Anna Mae Bullock in Tina Turner. Danach, während unseres schwierigen Aufstiegs zum Ruhm als Ike & Tina Turner Revue, litt ich jahrelang unter häuslicher Gewalt, emotional wie körperlich. Aufgeplatzte Lippen, blau geschlagene Augen, ausgerenkte Gelenke, Knochenbrüche und psychische Folter wurden zu einem traurigen Teil meines Alltags. Irgendwie glaubte ich, mich an das Leiden gewöhnen zu müssen, und war nah daran, wahnsinnig zu werden, während ich irgendwie mit Ikes Wahnsinn umzugehen suchte. Ich hatte das Gefühl, es gäbe keinen Ausweg.

Mitte der Sechzigerjahre hatten wir mit einigen unserer Songs Erfolg gehabt, und mein 1966 von Phil Spector produziertes Solo »River Deep – Mountain High« wurde in Großbritannien und dem übrigen Europa zum Tophit. Daraufhin luden uns die Rolling Stones ein, mit ihnen im Herbst 1966 auf Tournee zu gehen, wodurch ein weiterer Traum wahr wurde.

Nachdem wir nach Amerika zurückgekehrt waren, wurde das Leben mit Ike jedoch noch mehr zur Hölle. Der Druck, beständig Hits zu liefern, verstärkte seine Unsicherheit und trieb ihn weiter in die Drogenabhängigkeit, woraufhin seine Gewaltausbrüche häufiger und heftiger wurden.

Bei mir schwand der letzte Rest an Hoffnung.

Schließlich war ich 1968 so deprimiert und verzweifelt, dass ich nicht mehr klar denken konnte. Die Misshandlungen und Ikes Untreue machten mich regelrecht gefühlstaub, sodass ich keinerlei Regung mehr für mich und meine Familie empfinden konnte. Ich war nicht einmal mehr in der Lage, mich lebendig zu fühlen. Nur eines spürte ich noch – dass ich am Ende angekommen war. Eines Abends schließlich, direkt vor meinem Auftritt, versuchte ich, mich umzubringen, indem ich fünfzig Schlaftabletten schluckte. Den Leuten hinter der Bühne fiel auf, dass etwas mit mir ganz und gar nicht stimmte. Sie fuhren mich sofort ins Krankenhaus, was mir das Leben rettete.

Als ich aufwachte und nach und nach realisierte, dass ich doch am Leben geblieben war, machte sich zuerst eine riesige Enttäuschung breit. Ich dachte, der Tod sei meine einzige

Chance zu entkommen. Aber es lag nicht in meiner Natur, lange am Boden zu liegen. Beinah neunundzwanzig Jahre lang hatte ich trotz aller möglicher Schicksalsschläge in meinem Leben immer eine Möglichkeit gefunden, wieder aufzustehen und meinen Weg weiterzugehen. Das war sogar mein Mantra, bevor ich überhaupt wusste, was ein Mantra ist: »Ich gehe weiter!«

Auch diesmal also versuchte ich, mich nach besten Kräften am eigenen Schopf aus der Verzweiflung zu ziehen. Wenn das mein Los im Leben sein soll, dachte ich, werde ich wohl irgendwie das Beste draus machen müssen. Schließlich kam mir in den Sinn, dass ich womöglich aus einem bestimmten Grund und für einen höheren Zweck überlebt hatte, der sich mir zwar noch nicht erschloss. Von da an sagte mir aber mein Instinkt, mein Herz, ich solle einfach weitergehen, egal, wie hart sich das Leben mir gegenüber auch präsentieren sollte.

Aber wohin war ich unterwegs? Das war mir damals noch unklar.

Die frühen Siebzigerjahre waren persönlich wie beruflich eine schwierige Zeit. Wir hatten einige Jahre keinen großen Erfolg mehr mit unserer Musik gehabt, weshalb ich auf die Idee kam, etwas zu unternehmen. Ich wollte ein Lied schreiben. Einem Songwriter, der mit uns zusammenarbeitete, hatte ich bereits beim Redigieren seiner Texte geholfen, weshalb ich dachte, wenn der Songs schreiben könne, dann könne ich das ebenfalls.

Im Lauf der Zeit hatte ich Songwriter immer wieder sagen hören: »Schreib über etwas, was du kennst.« Diesen Rat befolgte ich, weshalb mein erster Versuch der 1973 verfasste Titel »Nutbush City Limits« war, ein Lied über meinen Heimat-

Unterschätze nie die Kraft von Träumen
und den Einfluss des menschlichen Geistes …
das Potenzial zu Größe ist in uns allen.
Wilma Rudolph

Wenn du den Weg nicht findest,
und dein Herz dich nicht nach Hause führt,
lass los, und lass Gott …
Nam-Myoho-Renge-Kyo,
Nam-Myoho-Renge-Kyo,
Nam-Myoho-Renge-Kyo.
Olivia Newton-John

ort. Vor allem in Europa wurde es zum Hit. Das linderte unsere finanziellen Sorgen, und die Vorstellung, dass ich etwas Kreatives tun konnte, machte mich unheimlich glücklich. Zu Hause litten die Kinder und ich allerdings weiter unter Ikes heftigen Launen und Wutausbrüchen, denen wir uns hilflos ausgeliefert fühlten.

Von diesen gewalttätigen Übergriffen war ich oft völlig erschöpft und außer mir. Es fiel mir immer schwerer, das vor den Menschen in meinem Umfeld zu vertuschen, denen meine Probleme keineswegs verborgen blieben. Wenn ich allein mit ihnen war, versuchten sie manchmal, mit mir darüber zu sprechen. »Ich hoffe, du kümmerst dich auch um dich«, sagten sie zum Beispiel zaghaft, aber ich wusste, was damit in Wirklichkeit gemeint war: »Warum machst du dich nicht endlich aus dem Staub, verdammt noch mal?«

Eines Tages jedoch sagte unser Tontechniker unerwartet etwas völlig anderes zu mir: »Tina, du solltest es mal mit Chanten versuchen. Das wird dir helfen, dein Leben zu ändern.«

Ich wusste nicht so genau, was Chanten überhaupt war, bat allerdings auch nicht um eine Erklärung. War das nicht was für Hippies? Bald schon hatte ich den Vorschlag vergessen.

Einige Monate später jedoch kam mein jüngster Sohn Ronnie mit etwas nach Hause, was wie ein Rosenkranz aus lackierten braunen Holzperlen aussah. »Mutter«, sagte er aufgeregt, »das ist eine buddhistische Gebetskette! Wenn du ›Nam-Myoho-Renge-Kyo‹ chantest, kannst du alles bekommen, was du willst.«

Was? Wie sollte ich je »alles bekommen können, was ich wollte« ...? Ich hatte nicht die leiseste Ahnung, was ich mit einer solchen Behauptung hätte anfangen sollen.

»Es ist wohl etwas Mystisches, aber es scheint zu funktionieren«, versicherte er mir. »Erklären kann ich das auch nicht. Lass uns doch zu dem Chanting-Meeting gehen, das hier in der Gegend stattfinden soll. Da erfahren wir sicher mehr.«

Unter normalen Umständen wäre ich womöglich hingegangen, aber zu diesem Zeitpunkt war ich praktisch Gefangene in meinen eigenen vier Wänden. Ohne Ikes ausdrückliche Zustimmung durfte ich nirgendwohin, und Ike erlaubte mir lediglich, zum Einkaufen oder ins Aufnahmestudio zu gehen. Deshalb sagte ich zu Ronnie, er könne die Buddhisten gern zu uns einladen, aber besuchen könne ich sie nicht. Das war meine zweite Berührung mit dem Thema »Chanten«, die jedoch im Sande verlief.

Einige Wochen später brachte Ike eine heiter wirkende Frau mit nach Hause, um sie mir vorzustellen. Er kam ständig mit irgendwelchen Leuten an, die »Tina kennenlernen« sollten. Und wie aus dem Nichts fing auch diese Frau plötzlich an, übers Chanten zu sprechen. Sie war Buddhistin.

Offenbar versuchte das Universum mit aller Macht, mir eine wichtige Botschaft zu senden. Intuitiv war ich diesmal bereit, aufmerksamer zuzuhören.

2
Die Welten in uns

Eigentlich war es ein typischer schöner Tag in Südkalifornien, wie man ihn von Postkarten kennt, mit blauem Himmel und strahlendem Sonnenschein. Für mich jedoch war er nicht ganz so typisch, denn ich hatte immerhin zum dritten Mal in drei Monaten etwas über das Chanten gehört, und das Thema ging mir nicht mehr aus dem Kopf.

Man schrieb das Jahr 1973, und mein vierunddreißigster Geburtstag stand kurz bevor. Ich versuchte mein Bestes, vier willensstarke männliche Teenager aufzuziehen, während ich mit einem ganzen Wust an Problemen kämpfte, beruflich und in meiner Ehe. Wie stark der Stress auch wurde, ich war stets bemüht, den Druck nicht nach außen dringen zu lassen. Und obwohl es eine schlimme, schlimme Zeit war, spürte ich irgendwie einen kleinen Funken Hoffnung.

Ich hatte mittlerweile genug erlebt, um den Schluss zu ziehen, dass es keine Zufälle im landläufigen Sinne gibt. Ich glaubte schon damals, dass alle Situationen, in die wir geraten – seien sie nun »gut« oder »schlecht« –, immer auf einen bestimmten Grund zurückzuführen sind, selbst wenn sich der uns nicht gleich erschließt. Dennoch fragte ich mich, weshalb ich unter solchen Übergriffen und einer derartigen

Negativität zu leiden hatte, obwohl ich wissentlich doch gar nichts getan hatte, um so etwas zu verdienen – jedenfalls nicht in diesem Leben!

Allen Widrigkeiten zum Trotz versuchte ich auch jetzt, »ein guter Mensch« zu sein. Wenn es überhaupt so etwas wie Gerechtigkeit im Universum gäbe, war doch zu hoffen, dass mir nun etwas Positives begegnete, was lange überfällig war. Vielleicht war dies der Hinweis darauf, dass jetzt mein Moment gekommen war: Drei Menschen, die einander nicht kannten und sich hinsichtlich Alter, Geschlecht und Hautfarbe unterschieden, hatten mir unabhängig voneinander denselben Rat gegeben, wie ich mein Leben zum Besseren wenden konnte. Sie hatten mir, auf einen gemeinsamen Nenner gebracht, gesagt: »Lern die buddhistische Weisheit kennen, und fang an zu chanten.«

Ich spürte, dass diese Botschaft mich aus einem bestimmten Grund erreicht hatte. Alles, was ich wollte, war eine Möglichkeit, mein Leben zu ändern. Selbst die kleinste Verbesserung würde eine Erleichterung sein.

Ich sollte das mit dem Chanten mal ausprobieren, sagte ich mir.

Den Anfang machte ich, indem ich einschlägige Bücher von Daisaku Ikeda las, einem wahren Vordenker der buddhistischen Praxis. In der Schule war ich nie besonders gut gewesen, aber ich war neugierig und hatte schon immer Freude am Lernen. Als ich älter wurde, begleiteten mich Bücher als gute Freunde. Sie führten mich an unbekannte Orte und stellten mir neue Ideen vor. Ob ich etwas über Mode, die Geschichte des alten Ägypten, über naturwissenschaftliche Themen oder Politik las, ich freute mich immer über die Gelegenheit, etwas von der großen weiten Welt zu erfahren.

Ikedas Schriften entführten mich in eine mystische Zeit im alten Indien, in der ich etwas von dem Konzept der Zehn Welten erfuhr.

Dieses ebenso vielschichtige wie praktische Prinzip buddhistischer Weisheit reicht in seinen Ursprüngen beinah dreitausend Jahre zurück. Es beschreibt zehn Kategorien von *Lebenszuständen*. Gemeint sind damit unsere sich ständig verändernden Stimmungen, Gedanken und allgemeinen Seinszustände, die einen starken Einfluss auf unsere Emotionen, unser Handeln und unseren Blick auf uns selbst und andere ausüben.

Die zehn »Welten« sind also eigentlich Zustände, die wir alle innerlich erleben; sie reichen vom schlimmsten bis zum besten menschlichen Verhalten. Die ungünstigeren unter diesen inneren Zuständen können, wenn sie unerforscht oder unkontrolliert bleiben, zu Gewohnheiten führen, durch die wir uns in ungesunden Mustern verfangen. Mir war genau das widerfahren.

Als ich mir dieser zehn Zustände bewusst wurde, konnte ich die Neigungen erkennen, die mich zurückhielten und zu Boden zogen, darunter schwache Selbstachtung und Co-Abhängigkeit. Außerdem leugnete ich meinen eigenen Wert und überließ es anderen, Entscheidungen über mein Leben zu treffen. Sobald ich diese Aspekte von mir klarer sah, konnte ich damit anfangen, sie zu verändern. Dadurch wurde allmählich der Weg dafür frei, bleibenden Erfolg und dauerhaftes Glück aufzubauen.

Um dir zu erklären, was die Zehn Welten sind, lade ich dich ein, mit mir auf eine kleine Reise zu gehen. Machen wir dazu einen Sprung von 1973, als ich das erste Mal in Kontakt mit

Niemand kann deinen Wert bestimmen
außer du selbst.
Pearl Bailey

Es geht nicht darum, perfekt zu sein,
sondern darum,
ganz zu sein.
Jane Fonda

Wir sehen die Dinge nicht, wie sie sind.
Wir sehen sie, wie wir sind.
Anaïs Nin

dem Buddhismus kam, zu einem gemütlichen Sonntagvormittag im Jahr 1977. Damals beschäftigte ich mich schon mehrere Jahre mit dem Chanten, und es war das erste ganze Jahr meines Lebens als alleinstehende, unabhängige Frau.

Wie alle, die mich gut kennen, dir sagen werden, schlafe ich ausgesprochen gern. Die vielen Konzerte haben mich zur Nachteule werden lassen, und manchmal stehe ich morgens ziemlich spät auf.

Das war auch an jenem Sonntagvormittag im Jahr 1977 so.

Während ich also glücklich in meinem Bett schlummere, reißt mich der nervige Ton meines Weckers aus dem Schlaf. Mein erster Impuls: *Warum hab ich das Ding heute überhaupt angestellt? Ich hab doch gar nichts vor. Schließlich ist heute Sonntag.*

Ich mache ein Auge halb auf, drücke auf die Taste und versinke wieder im Land der Träume.

Da taucht aus irgendeinem Winkel meines Kopfes ein ferner Gedanke auf und rüttelt mich mit einer ernüchternden Tatsache wach: In Wirklichkeit ist heute Montag, und jetzt werde ich zu spät zur Probe für die Fernsehshow von Cher kommen.

Ich wasche mir das Gesicht, trage Parfüm auf und schlüpfe schnell in die Kleider, die ich gestern Abend getragen habe. Glücklicherweise liegen sie über einem Stuhl, wo ich sie hinterlassen habe. Mein Magen knurrt, weshalb ich mir einen Apfel schnappe, bevor ich aus der Tür laufe.

Der Verkehr staut sich, weshalb ich noch später kommen werde, und ich fange an, mich zu ärgern. Um mich mit Musik abzulenken, schalte ich das Radio ein, wo gerade »Evergreen« läuft, diese wunderschöne Ballade von Barbra Streisand. Sie beruhigt meine Nerven.

Als ich zu spät zur CBS Television City komme, was sehr ungewöhnlich für mich ist, bin ich dankbar, dass niemand darauf zu sprechen kommt. Offenbar freuen sich alle, mich zu sehen.

Die Verlegenheit wegen meiner Verspätung verwandelt sich bald in Vergnügen, als unser genialer Kostümdesigner Bob Mackie mir eine phantastische Schöpfung zeigt, die ich in der Show tragen soll. Genau so ein Kostüm habe ich mir schon jahrelang gewünscht, und jetzt bin ich begeistert, dass dieser Wunsch erfüllt wurde.

Die Probe macht Spaß und läuft völlig problemlos. Cher und ich kommen immer gut miteinander aus. Nachdem ich auf dem nahen Farmers Market schnell etwas gegessen habe, mache ich mich auf den Weg zu Freunden, die mich eingeladen haben, mit ihnen zu chanten.

Da ich wesentlich glücklicher bin als morgens, fühle ich mich wohler in meiner Haut, während ich am Steuer meines Jaguar XK-E Roadsters sitze, den ich liebe und mit Hingabe fahre.

Zu meiner Überraschung werde ich plötzlich von einem Polizeibeamten an den Straßenrand dirigiert. Da mir nicht bewusst ist, etwas falsch gemacht zu haben, werde ich nervös. Mir fällt ein, dass Polizisten sich gelegentlich unfair verhalten, und ich versuche, ein Gefühl von Angst und Ärger zu unterdrücken.

Diese Gedanken verflüchtigen sich, als der Beamte höflich fragt: »Wie geht es Ihnen heute, Ma'am?« Gut, antworte ich und füge hinzu, ich sei auf dem Weg zu einem buddhistischen Chanting-Treffen. An seiner Miene ist zu erkennen, dass er nicht erwartet hat, so etwas zu hören. »Gibt es da etwa irgendeinen Grund zur Eile?«, fragt er. »Sie sind nämlich gerade über das letzte Stoppschild gerollt.«

Man hat mich also wegen etwas angehalten, was ich mir nur schwer abgewöhnen kann. Das ist der »California-Stopp«. So sagt man, wenn die Räder eines Wagens vor einem Stoppschild nicht völlig zum Stehen kommen.

Ich entschuldige mich und erkläre, ich sei ohnehin nicht die beste Autofahrerin und außerdem zurzeit von einem familiären Drama abgelenkt. Der Beamte erinnert mich daran, vor Stoppschildern und roten Ampeln immer ganz anzuhalten, und lässt mich mit dieser Verwarnung davonkommen. Dann darf ich wieder los.

Während ich weiterfahre (wesentlich aufmerksamer als vor meinem unerwarteten Halt), höre ich im Radio ein faszinierendes Interview mit dem Wissenschaftler Carl Sagan. Dabei erfahre ich Dinge über das Universum, die ich nicht wusste, was mich dazu bringt, über meinen Platz in der Welt nachzudenken.

Als ich in der Nähe eines Seniorenheims auf das Signal zum Abbiegen warte, sehe ich eine ältere Frau, deren Lächeln mich an meine geliebte Großmutter Mama Georgie erinnert. Etwas an diesem Moment bringt mich zu dem Entschluss, mehr Zeit damit zu verbringen, Gutes für andere zu tun, wie sie es mir beigebracht hat.

Danke, Mama Georgie, sagte ich im Stillen, während ich ihr einen liebevollen Wunsch sandte.

Warum erzähle ich dir diese ganzen Einzelheiten über einen scheinbar nicht besonders bemerkenswerten Tag in Los Angeles? Weil du dabei mit mir durch acht der Zehn Welten gereist bist, von »Hunger« bis zu »Bodhisattva«.

Seit alters werden die Zehn Welten (von der niedersten bis zur höchsten) so dargestellt: Hölle, Hunger, Animalität, Ärger, Ruhe, Himmel, Lernen, Erkenntnis (oder Teilerleuchtung), Bodhisattva und Buddhaschaft.

Die ersten vier dieser Welten kann man so charakterisieren: der Zustand des Leidens oder der abgrundtiefen Verzweiflung (Hölle), der Zustand, von unersättlichen Begierden beherrscht zu werden (Hunger), der Zustand, von instinktivem Verhalten beherrscht zu werden (Animalität), und der Zustand, in dem man von einem selbstsüchtigen Ego beherrscht wird, was mit Konflikten und Arroganz verbunden ist (Ärger).

Die fünfte und die sechste Welt sind der Zustand einer relativen Ruhe und jener einer vorübergehenden Freude darüber, dass ein Wunsch befriedigt wurde (Himmel).

Zusammengenommen werden diese sechs Seinszustände von Hölle bis Himmel als »niedere Pfade« bezeichnet, da ihr Entstehen und Vergehen hauptsächlich dadurch bestimmt ist, wie wir auf äußere Umstände reagieren. Jede Befriedigung, die wir dabei erlangen, hängt von vorübergehenden äußeren Situationen ab und hat daher nicht lange Bestand.

Die restlichen vier Welten sind die höheren Pfade. Sie zuwege zu bringen verlangt von uns eine bewusste innere Anstrengung. Das, was wir erlangen, während wir diese Zustände erleben, ist dauerhaft.

In den buddhistischen Schriften werden die vier höheren Pfade oft als die »Vier Edlen Pfade« bezeichnet.

Die ersten beiden sind der Zustand, durch die Lehren oder Erfahrungen von anderen nach Wahrheit zu suchen (Lernen), und der Zustand, durch eigene Anstrengungen und Beobachtungen die Wahrheit zu begreifen (Erkenntnis). Wenn wir diese Lebenszustände erreichen, schenkt uns das eine gewisse Unabhängigkeit vom Auf und Ab der niederen Pfade.

Damit kommen wir zu den höchsten zwei Pfaden.

Der erste ist der Zustand von Mitgefühl und Altruismus

(Bodhisattva). In ihm streben wir nach Erleuchtung, während wir Freude darin finden, anderen zu helfen, das ebenfalls zu tun.

Der höchste Zustand im Leben zeichnet sich durch vollkommene Freiheit und Ganzheit und durch absolutes Glück aus. In ihm genießen wir ein uneingeschränktes Gefühl der Einheit mit der Lebenskraft des Universums selbst (Buddhaschaft). Ich stelle ihn mir gern als so unzerstörbar wie ein Diamant vor, als Schatz, den wir tief im Herzen tragen.

Diesen größten Lebenszustand verwirklichen wir durch bewusstes positives Handeln, besonders durch solches, das im Zustand Bodhisattva geschieht. Der Zustand der Buddhaschaft ist von unermesslichem Mitgefühl, grenzenloser Weisheit und unerschütterlichem Mut geprägt.

Wir verfügen alle über das Potenzial, in jedem Moment jeden dieser zehn Zustände hervorzubringen, und während wir uns in einem davon befinden, schlummern die neun anderen.

Wie das Beispiel meines erfahrungsreichen Tages im Jahr 1977 zeigt, geraten wir schnell aus einem Lebenszustand (einer Welt) in einen anderen, weshalb wir an einem einzigen Tag eventuell viele von ihnen durchlaufen. In jedem Augenblick befinden wir uns in einem bestimmten Zustand, und seine Eigenschaften in unserem Inneren strahlen nach außen in jeden Bereich unseres Lebens aus.

Als ich aufwuchs, war ich mir nicht bewusst, dass so etwas wie Buddhaschaft existierte. In meiner Kindheit bekam ich zu Hause hauptsächlich die niederen vier oder fünf Welten zu Gesicht. Gelegentlich gab es Momente, in denen ich kurz den Himmel erlebte, zum Beispiel, wenn ich ins Kino ging oder meine geliebte Mama Georgie besuchte. Später, in der Schule,

Das Äußere besteht nur aus vielen Stützen;
alles, was wir brauchen, ist in uns.
Etty Hillesum

Sich selbst zu kennen
ist der Anfang aller Weisheit.
Aristoteles

Der Geist ist sein eigener Herr;
er kann aus der Hölle den Himmel
und aus dem Himmel die Hölle machen.
John Milton

erlebte ich die Zustände Lernen und Erkenntnis, wenn ich meinen Horizont mit neuen Themen und Unterrichtsaktivitäten erweiterte, doch das geschah immer nur kurz und unregelmäßig.

Als Teenager nahm ich dann einen Job bei den Hendersons an, einer freundlichen, jungen weißen Familie. Das öffnete mir die Augen dafür, wie es war, in einem glücklichen Zuhause zu sein. Zum ersten Mal wurde mir bewusst, wie ein höherer Lebenszustand aussehen konnte. Ich spürte das Mitgefühl der Hendersons und ihren Wunsch, mir zu helfen, indem sie mir soziale Umgangsformen vermittelten und mir von der Welt außerhalb von Tennessee erzählten. Dank den Hendersons lernte ich die Welt des Bodhisattva kennen und strebte danach, auch so positiv zu werden, wie ich es in ihrem Leben sah.

Obwohl ich also allmählich wahrnahm, dass höhere Lebenszustände möglich waren, wusste ich nicht, wie ich sie erreichen konnte. Ich hatte noch keinen Weg gefunden, meinen Lebenszustand zu verwandeln.

Doch ich trug diese Erinnerungen als Leitstern in mir.

Später arbeitete ich als Schwesternhelferin in einem Krankenhaus. Ich sage dir, wenn es ein Gebäude auf der Erde gibt, in dem sich alle Zehn Welten zur selben Zeit offenbaren, dann ist es ein Krankenhaus. Dort finden sich Menschen, die einen echten Notfall erleben, ebenso wie nervöse Hypochonder, Leute, die darauf warten, Blut zu spenden, andere Leute, die wichtige Forschungen zur Heilung von Krankheiten durchführen, Babys, die ihren ersten Schrei ausstoßen, Angehörige, die sich zum letzten Mal verabschieden, und alles dazwischen. Auch das war eine Erfahrung, die mir die Augen geöffnet hat.

Da wir uns jetzt mit dem ganzen Spektrum an Lebenszuständen vertraut gemacht haben, wollen wir unsere Reise durch jenen Tag im Jahr 1977 noch einmal antreten, diesmal jedoch aus der Sicht der Zehn Welten.

Während ich behaglich in meinem Bett schlafe, befinde ich mich in einem Zustand der Ruhe.

Als der Wecker klingelt, lösen instinktive Reflexe und vielleicht auch momentane Angst den Zustand von Animalität aus. Die Vorstellung, dass ich problemlos wieder einschlafen kann, ist der Himmel, die jedoch bald zerstiebt, als mir einfällt, dass ja Montag ist. Meine Fassungslosigkeit verwandelt sich in Ärger, während ich mich dafür kritisiere, verschlafen zu haben.

Dass ich mich auf dem Weg zur Haustür hungrig fühle, beschreibt den Zustand der Animalität, da es ein instinktives Gefühl ist, nicht eigentlich die Welt des Hungers, bei der es um unsere Wünsche und Begierden geht (es geht also nicht buchstäblich darum, etwas essen zu wollen).

Der Verkehrsstau ruft wieder Ärger in mir wach, doch die wohltuende Musik im Radio hilft mir, zur Ruhe zurückzufinden.

Dass ich etwas bekomme, wonach ich mich so lange gesehnt habe (Hunger), nämlich ein phantastisches Kostüm von Bob Mackie, ruft den Himmel hervor, der allerdings lediglich ein vorübergehendes Hoch bleibt.

Als ich wieder in meinem Auto sitze, kehre ich zur Ruhe zurück, bis ein Polizist mich anhält, was kurzfristig Ärger hervorruft. Glücklicherweise lässt der Beamte mich mit einer Verwarnung ziehen, worauf wieder Ruhe eintritt.

Während ich im Radio höre, was Carl Sagan mitzuteilen hat, befinde ich mich im Zustand des Lernens und der

Erkenntnis. Und als ich mich am Ende des Tages an meine Großmutter erinnere und daran, dass sie mir beigebracht hat, anderen zu helfen, entwickelt sich spontan der Zustand eines Bodhisattva.

Da ich dadurch meinen Tag in einem höheren Lebenszustand beende, kommen mir die Ereignisse, die mir früher am Tag negativ erschienen sind, nicht mehr so schlimm vor. Dabei haben sich diese äußeren Umstände gar nicht verändert – was sich verändert hat, ist mein Lebenszustand. Er beeinflusst meine Sicht auf den ganzen Tag, auf Vergangenheit und Gegenwart.

Anders ausgedrückt, kann unser Lebenszustand aufhellen oder verdüstern, wie wir ein und dieselben Umstände empfinden.

Auch wenn du sicher nicht genau das Gleiche erlebt hast wie ich, so kennst du doch bestimmt ähnliche Situationen. Daher ist dir das Gefühl vertraut, dich an einem einzigen Tag wie auf einer Achterbahn durch viele unterschiedliche Lebenszustände zu bewegen.

Je mehr ich über die moderne Psychologie erfahre, desto mehr sehe ich darin Parallelen zu uralter buddhistischer Weisheit. Ich habe sogar festgestellt, dass man Abraham Maslows bekannte Theorie der Selbstverwirklichung und der Bedürfnishierarchie mit den Zehn Welten verglichen hat. Als ich dieses als Ebenen einer Pyramide dargestellte Modell zum ersten Mal sah, war ich verblüfft, wie sehr es den verschiedenen Lebenszuständen im Buddhismus ähnelt.

Laut Maslows Theorie streben wir Menschen danach, unsere Bedürfnisse in der nachstehend aufgeführten Reihenfolge zu befriedigen, die von den grundlegenden zu den höheren Bedürfnissen führt.

Wenn du in dir selbst keinen Frieden findest,
wirst du ihn auch nirgendwo anders finden.
Marvin Gaye

Ich glaube an die Seele …
Ich glaube, dass es eine sofortige
Rechenschaft für das gibt,
was wir entscheiden,
eine bereitwillig übernommene Verantwortung dafür,
wie wir denken, uns verhalten und handeln.
Alice Walker

Das größte Geheimnis ist das eigene Selbst.
Sammy Davis Jr.

Zuerst kommen die physiologischen Bedürfnisse, die zum Erhalt des Lebens nötig sind (Nahrung, Wasser, Obdach), dann kommt die Ebene der Sicherheit (auch in gesundheitlicher und finanzieller Hinsicht). Es folgen die sozialen Bedürfnisse (nach Liebe, Freundschaft und Familie). Diese ersten drei Ebenen der Pyramide entsprechen den sechs niederen Lebenszuständen der Zehn Welten.

Wenn wir zum Beispiel Probleme haben, unsere physiologischen Grundbedürfnisse und unser Bedürfnis nach Sicherheit zu befriedigen, erleben wir wahrscheinlich die Zustände Hölle, Hunger, Ärger und Animalität. Und wenn unsere sozialen Bedürfnisse befriedigt sind, erreichen wir Ruhe und Himmel.

Die nächste Ebene von Maslows Pyramide bilden die Individualbedürfnisse (Wertschätzung, Erfolg, Freiheit und Selbstbestätigung), denen die Zustände Lernen und Erkenntnis entsprechen. Ganz oben ist schließlich die Ebene der Selbstverwirklichung angesiedelt (Entfaltung unseres Potenzials, Entdecken eines Lebenszwecks, klare Wahrnehmung), die gemeinsame Elemente mit den Lebenszuständen Bodhisattva und Buddhaschaft aufweist.

Wenn wir uns selbst verwirklichen wollen, also danach streben, die Zustände Bodhisattva und Buddhaschaft zu erreichen, verändern wir uns zum Besseren. Darüber habe ich oft auf meiner Tournee durch Japan Ende der Achtzigerjahre gesprochen. Dank meiner buddhistischen Praxis, habe ich erklärt, hätte ich das Gefühl, dass aus meinem Innern eine andere Person hervorgetreten sei, mein wahres Selbst, das einen starken Sinn für Zweckhaftigkeit und Selbstwahrnehmung besitze.

Trotz aller Ähnlichkeiten zwischen den Zehn Welten und der Maslow'schen Hierarchie besteht allerdings ein entscheidender Unterschied. Während man innerhalb der Pyramide bestimmte Bedürfnisse befriedigen muss, um die nächste Ebene zu erreichen, geht die optimistische Botschaft des Buddhismus davon aus, dass jede der Zehn Welten das Potenzial aller anderen Lebenszustände enthält. Anders gesagt, können wir direkt von einem bestimmten Zustand in jeden anderen übergehen, ohne irgendeinen Zwischenzustand durchschreiten zu müssen.

Diese Vorstellung wirkt befreiend, weil sie uns sagt: Selbst wenn wir gerade den Zustand der Hölle erleben, verfügen wir über das Potenzial, augenblicklich jeden der höheren Zustände zu verwirklichen, selbst die Buddhaschaft.

Ein Beispiel dafür ist, dass manche Menschen, die eine Naturkatastrophe oder ähnliche Extremsituation überlebt haben, berichten, sie hätten tiefe Einblicke in die gegenseitige Verbundenheit aller Lebewesen erhalten. Oft empfinden sie mehr Mitgefühl und ein Einssein mit dem Universum.

Diese Wahrnehmung unseres Potenzials, uns aus den tiefsten Tiefen des Leidens in den höchsten Zustand der menschlichen Existenz zu erheben, wirkt lebensverändernd. Mit diesem Wissen ausgestattet, erkennen wir, dass in jedem Zustand eine positive Qualität enthalten ist, weshalb wir keinerlei Lebensumstände fürchten müssen. Wenn wir zu der Wirklichkeit erwachen, dass jeder Zustand, den wir erleben, das Potenzial zu allen anderen Seinszuständen hat, können wir unabhängig von unseren Umständen immer das Licht der Hoffnung sehen.

Dieses Verständnis ist von entscheidender Bedeutung, denn ohne Hoffnung kann alles eine Quelle von Verzweiflung sein. Mit Hoffnung hingegen kann alles eine Quelle von Freude werden.

Außerdem dürfen wir darauf vertrauen, dass wir jeden der niederen Lebenszustände als Antrieb verwenden können, die höheren zu erreichen. Das ist unsere menschliche Superkraft, unsere Fähigkeit, »Gift in Medizin zu verwandeln«.

Dank meiner buddhistischen Praxis ist dieser stärkende Prozess, eine destruktive negative Haltung in eine kreative positive umzuwandeln, zu dem von Hoffnung erfüllten Motiv meines Lebens geworden. Mehr darüber werde ich im fünften Kapitel erzählen.

Vorläufig möchte ich dir nur sagen: Immer, wenn du den Eindruck hast, dass dein Lebenszustand in den niederen Welten versinkt, kannst du dich daraus erheben. Manchmal bedarf es dazu nur einer relativ simplen Anstrengung. Konzentrier dich auf etwas, mach Yoga, geh laufen, schwimmen oder ins Fitnessstudio, mach Atemübungen oder einen Spaziergang oder »schüttle es ab«. Und wie viele von uns schon im Kindergarten erfahren haben, wirkt es manchmal Wunder, eine Pause oder ein Schläfchen zu machen. Wenn diese Methoden nicht ausreichen, deinen Gemütszustand zu heben, kannst du andere Möglichkeiten erforschen, zum Beispiel Gebet, Chanten, Meditation oder die Beschäftigung mit einschlägigen Texten. Wähle den Weg, der für dich am besten passt.

In meinem Fall schien bis zu meinem fünfunddreißigsten Lebensjahr nichts, was ich versuchte, eine entscheidende Verbesserung meines Lebenszustands zu bewirken. Nichts half mir, mich aus den niederen Welten zu erheben. In negativen Kreisläufen gefangen, litt ich schweigend vor mich hin und hatte keine Ahnung, wie ich jemals meine Träume verwirklichen konnte.

Dann begann ich zu chanten. Durch den Buddhismus

bekam ich Zugang zu einem direkten Weg nach oben, zu einer spirituellen Expressspur sozusagen. Das war das Chanten von Nam-Myoho-Renge-Kyo.

Ich glaube, die meisten Leute, die etwas über mich wissen, haben gehört, dass ich mich mit Buddhismus beschäftige und dass ich Nam-Myoho-Renge-Kyo rezitiere. Wie Chanten tatsächlich funktioniert, wissen bestimmt nicht so viele.

Nachdem wir nun gemeinsam die Zehn Welten erforscht haben, wollen wir uns im weiteren Verlauf dieses Buches anschauen, was die Worte – oder Klänge – Nam-Myoho-Renge-Kyo bedeuten, und zwar sowohl im buchstäblichen Sinn wie für mich persönlich. Ich möchte dir gern erzählen, auf welch wunderbare Weise das Chanten mir geholfen hat, glücklich und stark zu werden – wie es meinen Lebenszustand auf eine andere Ebene gehoben hat und wie es dasselbe für dich tun kann.

WICHTIGE POSITIVE UND NEGATIVE ASPEKTE JEDER DER ZEHN WELTEN:

1. Hölle
Positiv: Die persönliche Erfahrung tiefen Leidens
kann in uns den Wunsch wecken, anderen dabei zu helfen,
den Weg aus ihrem eigenen Leiden herauszufinden.
Negativ: hoffnungslose Verzweiflung, die Unfähigkeit,
sich selbst und andere klar zu erkennen, selbstzerstörerische
Neigungen.

2. Hunger
Positiv: der Wunsch, Ziele zu erreichen, und die Sehnsucht,
mehr zu besitzen.
Negativ: Gier, Hedonismus, unersättliche Wünsche.

3. Animalität
Positiv: gesunde Instinkte, zu überleben und alles Leben
zu schützen und zu umhegen.
Negativ: nur aus dem Instinkt heraus handeln,
die Schwachen bedrohen und die Starken fürchten.

4. Ärger
Positiv: berechtigte Leidenschaft, gegen Ungerechtigkeit
zu kämpfen, kreative Veränderungskraft.
Negativ: egoistische Selbstgerechtigkeit, destruktives
Konkurrenzdenken, Konflikt.

5. Ruhe
Positiv: neutraler Zustand der Friedlichkeit, die Fähigkeit,
mit menschlicher Vernunft zu handeln.
Negativ: Zustand passiver Inaktivität, mangelnder Wille,
Probleme anzugehen, Trägheit.

6. Himmel
Positiv: Gefühl von Freude und Glück,
gesteigertes Gewahrsein, Dankbarkeit dafür,
am Leben zu sein.
Negativ: kurzlebige, meist selbstbezogene Hochstimmung.
Der Wunsch nach Wiederholung
einer flüchtigen Befriedigung kann zu Exzessen führen.

7. Lernen

Positiv: Streben nach Selbstvervollkommnung
durch die Beschäftigung mit neuen Vorstellungen
durch die Vermittlung anderer.
Negativ: Neigung zu Ichbezogenheit,
abwertende Haltung gegenüber anderen,
die weniger Erfahrung oder Wissen aufweisen.

8. Erkenntnis

Positiv: Weisheit und Einsicht durch eigenes Lernen und
die persönliche Beobachtung der Welt gewinnen.
Negativ: Ermangelung eines umfassenden Weltbilds wegen
der Beschäftigung mit sich selbst, Überlegenheitsgefühle
gegenüber anderen.

9. Bodhisattva

Dieser Begriff besteht aus *Bodhi* (Erwachen) und
Sattva (Lebewesen); er bezeichnet Personen,
die für sich selbst und andere nach Erwachen streben.
Positiv: Mitgefühl, selbstloses Handeln für andere,
ohne Belohnung zu erwarten.
Negativ: Vernachlässigung des eigenen Lebens, ein Gefühl
der Verachtung für jene, denen man zu helfen versucht.

10. Buddhaschaft

Damit ist der Zustand des Erwachens
zur höchsten Wirklichkeit des Universums und
zu allen Aspekten des Lebens gemeint.
Positiv: Weisheit, Mut und Mitgefühl ohne Grenzen,
eine große Lebenskraft, die die positiven Aspekte jeder
der anderen neun Welten erhellt.
Die Buddhaschaft ist der einzige Lebenszustand
ohne negative Aspekte.

3
Der Lobgesang der Engel

Mein Frühlingsgarten war heute von Blumenduft erfüllt, während ich über das schimmernde Wasser des Zürichsees blickte. Ich musste lächeln, als ich mit meinen Morgengebeten begann, weil mir bewusst wurde, dass es beinah ein halbes Jahrhundert her war, dass ich zum ersten Mal Nam-Myoho-Renge-Kyo rezitierte.

Es ist schier unglaublich, wie sehr sich mein Leben von dem Zeitpunkt, als ich diese Worte zum ersten Mal hörte, bis zum heutigen Tag gewandelt hat. Wenn ich diese Reise nicht selbst unternommen hätte, würde sie mir vielleicht wie ein Märchen vorkommen. Aber das ist genau, was ich getan habe – ich habe meine Träume, meine eigene Vision eines Märchens, wahr werden lassen.

Was für Träume du auch haben magst, ich weiß, dass du sie ebenfalls wahr machen kannst.

Ich wünsche dir, dass du Erfolg hast und deine eigene Vorstellung von Glück verwirklichst, aber wie die aussieht, weißt nur du. Was immer du auch von diesen Seiten mitnimmst, so hoffe ich, dass die Geschichte meiner Selbstverwirklichung deine Träume beflügeln wird, jetzt und in Zukunft.

Wenn ich davon spreche, dass Träume wahr werden, meine

ich damit nicht die Wünsche in unserem äußerlichen Leben. Materielle Belohnungen sind eine schöne Sache, und ich bin zutiefst dankbar für all die wunderbaren Dinge, die ich jetzt besitze. Ich habe hart gearbeitet, dahin zu kommen, wo ich heute bin. Aber das ist nicht die Verwandlung, von der ich spreche. Was sich für mich verändert und was mich befähigt hat, die sichtbaren Annehmlichkeiten zu erwerben, die ich genieße, war von unendlich größerer Bedeutung. Es waren tiefe innere Veränderungen, die sich durch meine spirituelle Praxis ergeben haben, die Praxis, zu chanten, zu lernen und anderen zu helfen.

Als ich das Geschenk, das Nam-Myoho-Renge-Kyo für mich ist, zum ersten Mal bekam, war das der Anfang eines neuen Lebens, und zwar auf so vielfältige Weise, wie ich es mir nie hätte vorstellen können. Dank des spirituellen Erwachens, das ich dadurch erfuhr, habe ich genügend Klarheit und Kraft gewonnen, zahllose wichtige Veränderungen in meinem Leben vorzunehmen.

Angefangen hat alles während mehrerer Begegnungen mit Menschen, die mir eindrücklich den Rat gaben zu chanten. Glücklicherweise habe ich auf die Botschaft gehört, die mich so intensiv zu erreichen versuchte. Ich fing an, indem ich jeden Tag ein wenig praktizierte; manchmal wiederholte ich einfach ein paarmal »Nam-Myoho-Renge-Kyo«. Als ich dann erst fünf und später fünfzehn Minuten täglich chantete, bemerkte ich scheinbar nebensächlich-zufällige, aber dennoch auffällige Verbesserungen und Veränderungen in meinem Alltag.

Zum Beispiel entdeckte ich einen Vorrat von meinem Lieblings-Make-up, das es nicht mehr zu kaufen gab, und beim Autofahren hatte ich den Eindruck, ständig grüne Welle zu haben. Stück für Stück half meine buddhistische Praxis mir, meinen Platz im Universum neu zu gestalten. Bald dehnte ich das Chanten auf eine halbe, wenn nicht gar eine ganze Stunde aus.

Am liebsten hätte ich mit meiner Sangha praktiziert, der örtlichen Gemeinschaft Gleichsinnter, aber ich war immer noch mit Ike verheiratet, und der hatte Angst vor meiner Praxis, weil er dachte, ich könnte ihn dadurch mit einem Fluch belegen oder ihm sonst wie schaden. Heute ist mir klar, dass er vor allem die Person fürchtete, die ich durch meine spirituelle Praxis werden konnte. Seine Macht über mich war gefährdet, weil das Chanten mir Kraft verlieh.

Da Ike mich fast nie allein aus dem Haus gehen ließ, um andere Leute zu treffen, fand ich Zeit, heimlich zu praktizieren. Ich stahl mir die wertvollen Momente, um morgens und abends meine Gebete zu verrichten. Manchmal schlichen sich einige von meinen tapferen Freundinnen – Susie Sempers, Valerie Bishop und Maria Lucien – ins Haus, um mit mir zu praktizieren, wenn mein Mann nicht da war.

Allmählich hatte ich das Gefühl, den richtigen Rhythmus zu finden und auf der tiefsten Ebene in Einklang mit dem Leben zu sein. Je mehr ich praktizierte, desto mehr spürte ich, wie mein wahres Selbst, die mir angeborene Buddha-Natur, erwachte. Mein Lebenszustand verbesserte sich ständig, und ich entwickelte ein neues Gefühl der Distanz zu meinem Mann. Mit der Zeit wurde ich innerlich so stark, dass mir selbst unsere Konflikte wie ein Spiel vorkamen, wie eine Art karmische Prüfung.

Inmitten des Chaos hatte ich das Gefühl, wie neugeboren zu sein.

Je heller mein inneres Licht leuchtete, desto mehr verbesserten sich die Umstände in meinem Leben, und Träume, die ich nur innerhalb meiner Praxis ausgedrückt hatte, begannen wahr zu werden. Diesen inneren Veränderungen folgten andere erfreuliche Entwicklungen, wodurch ein positiver Kreislauf in Gang kam, der sich mit der Zeit ausdehnte. Das erste deutliche Beispiel dafür war besonders eindrucksvoll. Ich hatte immer in einem Film mitspielen wollen und bekam völlig unerwartet das Angebot, eine wichtige Rolle in der Verfilmung der Rockoper »Tommy« zu übernehmen, neben Elton John, Ann-Margret, Roger Daltrey, Eric Clapton und Jack Nicholson. Da ich bekanntlich schon in meiner Jugend begeistert ins Kino gegangen bin, war das wirklich ein wahr gewordener Traum.

Langsam, aber stetig erweiterte ich im Lauf der nächsten Jahre meine buddhistische Praxis. Dadurch wurde ich immer stärker – so stark, dass ich im Sommer 1976 endlich den Mut aufbrachte, Ike zu verlassen und der kranken häuslichen Situation zu entkommen, in der ich so lange gefangen gewesen war. Ich reichte die Scheidung ein.

Sobald ich meine Unabhängigkeit gewonnen hatte, konnte ich zu Gruppentreffen gehen, wann immer ich wollte. Auf der ganzen Welt finden solche privaten Treffen statt, die von dem buddhistischen Netzwerk Sōka Gakkai International (SGI) organisiert werden. Es sind warme, freundliche Zusammenkünfte von Menschen, die Nam-Myoho-Renge-Kyo chanten. Ich fuhr regelmäßig zu dem Treffen in meiner Nähe, das in Brentwood stattfand, einem Stadtteil im Westen von Los Angeles.

Ich genoss es sehr, ungehindert gemeinsam mit anderen aufgeschlossenen Menschen die buddhistische Lehre zu studieren und zu praktizieren. Was für eine Erleichterung und ein Vergnügen das doch war! Nachdem ich zu Hause jahrelang unterdrückt worden war, empfand ich die reinste Freude darüber, dass ich jetzt endlich die Freiheit hatte, meine Gedanken und Überzeugungen frei zum Ausdruck zu bringen. Wenn ich jetzt zurückblicke, kommt mir das ganz einfach vor. Aber jene unter uns, die eine von Missbrauch und Co-Abhängigkeit geprägte Beziehung überstanden haben, kennen den Wert von simplen Freuden und Rechten, die andere für selbstverständlich halten.

Wie ich erfuhr, veranstalteten im Westen von L. A. auch mehrere Musiker, darunter das mit mir befreundete Ehepaar Ana Maria und Wayne Shorter (der geniale Jazzmusiker), solche Treffen. Ana hatte ich, schon lange bevor ich etwas vom Buddhismus gehört hatte, in einem New Yorker Nachtclub kennengelernt, wo Wayne und ich zur selben Zeit auftraten. Dabei hatten wir uns backstage angefreundet.

Obwohl wir uns also schon eine Weile kannten, hatte ich keine Ahnung, dass Ana und Wayne bereits praktizierende Buddhisten waren. Als ich Ana begeistert vom Chanten erzählte und dachte, ich würde ihr eine interessante Neuigkeit auftischen, umarmte sie mich strahlend und sagte: »Darling, das machen wir schon seit Jahren!«

Später erzählte mir Ana: »Als wir uns in New York angefreundet haben, spürte ich eine tiefe Traurigkeit in dir und dachte mir schon, dass du etwas Wesentliches über deine Situation verheimlicht hast.« Sie habe zwar nicht gewusst, was für Probleme ich hatte, aber: »Seither stand dein Name in meinem Gebetbuch, und ich habe immer für dein wahres Glück gebetet.«

Als ich diese von Herzen kommenden Worte hörte, traten mir Tränen in die Augen. Für mich war dies ein weiteres Zeichen, dass ich genau da angekommen war, wo ich hingehörte – ich hatte meinen geschützten Ort gefunden, meine geliebte Gemeinschaft im Geiste.

Als ich mit meiner täglichen Praxis begann, erfuhr ich mit Erstaunen, dass jemand, den ich immer besonders bewundert hatte, Mahatma Gandhi, das tägliche Gebet in seinem Ashram mit seinen Schülern mit Nam-Myoho-Renge-Kyo eingeleitet hat.

Aber die Geschichte von Nam-Myoho-Renge-Kyo hat ihren Anfang lange vor mir oder Gandhi genommen. Sie begann vor über zweitausendfünfhundert Jahren mit einem Weisen namens Shakyamuni. Im Westen ist er meist als Siddhartha Gautama oder als der historische Buddha bekannt. Ich beschäftige mich viel mit der Geschichte des Buddhismus. Mein Gebetszimmer ist mit Büchern darüber gefüllt, und ich will euch einiges von dem erzählen, was ich daraus erfahren habe.

Geboren wurde Shakyamuni als Prinz im Norden von Indien, dem heutigen Nepal, und sein Name bedeutet in Sanskrit, der alten Sprache seines Landes, »Weiser aus dem Volk der Shakya«. Nachdem er in Luxus aufgewachsen war, entdeckte er im Alter von neunzehn Jahren, dass das Leben der Menschen außerhalb der Palastmauern von Leiden geprägt war. Daraufhin verzichtete er auf seinen privilegierten Status und machte sich auf, selbst die harte Wirklichkeit des Alltags unter den Menschen zu erleben.

Shakyamuni widmete sich der spirituellen Suche, um die Geheimnisse dessen zu verstehen, was er als die vier unausweichlichen Leiden der Menschheit wahrnahm: Geburt, Krankheit, Alter und Tod. Nach vielen inneren Qualen, einem asketischen Leben und nachdem er beinah zehn Jahre lang meditiert hatte, gelangte er unter einem mächtigen

Es gibt eine unfassbare, geheimnisvolle Kraft,
die alles durchdringt … eine Ordnung im Universum …
ein unveränderliches Gesetz,
das alles und alle Wesen lenkt,
die existieren oder leben.
Dieses Gesetz ist nicht blind,
denn ein blindes Gesetz kann das Verhalten
von Lebewesen nicht lenken.
Mahatma Gandhi

Was uns vereint, ist viel größer als das, was uns trennt
als Familien und Freunde …
und als spirituelle Gäste auf dieser Erde.
Marian Wright Edelman

Bodhi-Baum sitzend zum Erwachen. Daher wurde er seit dem Alter von dreißig Jahren als »Buddha« bezeichnet.

Dieser Begriff bedeutet »der Erwachte«. Solange wir uns im Unklaren über den Gang des Universums sind, sind wir von Illusionen beherrschte, gewöhnliche Menschen; und sobald wir Klarheit über das Wesen allen Lebens gewinnen, sind wir ein Buddha.

Nachdem Shakyamuni erwacht war, widmete er die nächsten vierzig Jahre seines Lebens der Aufgabe, das zu verbreiten, was er erkannt hatte. Er reiste weit durchs Land, um das Leiden zu lindern, das er überall sah. Um seine Botschaft zu verbreiten, brachte er seinen Schülern erst einfachere Konzepte bei, bevor er allmählich auf seine großen Offenbarungen zu sprechen kam, so wie wir zuerst die Grundrechenarten lernen müssen, bevor wir uns mit Geometrie und komplexeren Bereichen der Mathematik beschäftigen.

Die Weisheit, die Shakyamuni verbreitete, wurde in den *Sutras* festgehalten, Sammlungen seiner Lehren und Vorträge. Der Sanskrit-Begriff *sūtra* bedeutet »Faden« und verweist darauf, dass hier Elemente von Weisheit miteinander verwoben wurden, um einen literarischen Teppich der Erleuchtung zu erschaffen.

In den letzten acht Jahren seines Lebens hat Shakyamuni seine höchsten Offenbarungen vermittelt, die im Lotos-Sutra enthalten sind.

Im Westen ist die Weisheit des Lotos-Sutras häufig nicht bekannt, obwohl die beiden amerikanischen Schriftsteller Henry David Thoreau und Ralph Waldo Emerson sie bereits im neunzehnten Jahrhundert bei uns eingeführt haben.

Unter dem Titel »The Preaching of the Buddha« (»Was der Buddha verkündete«) veröffentlichten die beiden Auszüge aus dem Lotos-Sutra. Erschienen sind diese im Januar 1844 in *The Dial*, einer in Boston herausgegebenen Vierteljahresschrift.

Thoreau half dabei, den Text aus einer früheren französischen Übersetzung ins Englische zu übertragen, während Emerson ihn redigierte. Es ist bekannt, dass Emerson sich viel mit östlicher Weisheit beschäftigte. Dass er Auszüge aus dem Lotos-Sutra veröffentlichte, war Teil seiner Bemühungen, die gewonnenen Erkenntnisse im Westen zu verbreiten.

Heute ist das Lotos-Sutra das bekannteste Sutra der Welt. Es bildet die Grundlage vieler buddhistischer Richtungen, die sich in den vergangenen zweieinhalb Jahrtausenden seit Shakyamuni in Asien ausgebreitet haben.

Wie das Christentum und andere große Weltreligionen kann man den Buddhismus symbolisch als uralten Baum mit vielen verschiedenen Zweigen betrachten. Zu diesen gehört die Tradition der Sōka Gakkai, in der ich praktiziere. Ihren Ursprung hat sie in den Lehren von Nichiren, einem religiösen Reformator und Philosophen, der im Japan des dreizehnten Jahrhunderts lebte.

Die Zeit von Nichiren war von furchtbaren sozialen Unruhen und Naturkatastrophen geprägt. Er stammte aus einer Familie von Fischern und entwickelte schon in der Kindheit ein Interesse an Philosophie.

Im Alter von zwölf Jahren widmete er sein Leben dem Studium und begann, den gewaltigen Reichtum der buddhistischen Schriften zu erforschen. Zwei Jahrzehnte lang arbeitete er daran, die Essenz des Buddhismus herauszudestillieren und seine Praxis so zu vereinfachen, dass der Weg zur Buddhaschaft allen offenstand, unabhängig von ihren inneren und äußeren Lebensumständen.

Nichiren lehrte, die Essenz des Lotos-Sutras bestehe darin, Nam-Myoho-Renge-Kyo zu chanten. Sein Leben lang vermittelte er den Menschen, dass diese einfache Praxis die Gesamtheit der buddhistischen Lehren enthält und allen das Tor zum Erwachen öffnen kann.

Heute gehört Nam-Myoho-Renge-Kyo zu den bekanntesten und am häufigsten geübten buddhistischen Praktiken auf der Welt. In jedem Augenblick, Tag und Nacht, chanten es irgendwo Menschen, darunter ich.

Manche sagen, Nam-Myoho-Renge-Kyo sei wie ein Lied. In der Tradition der Sōka Gakkai bringt man uns bei, wie man es singen soll. Als ich zu meinem ersten Treffen kam und hörte, wie eine Gruppe es gemeinsam in rhythmischer Einheit praktizierte, war die Energie so schön und stark, dass ich mich ganz von Güte umgeben fühlte und das Gefühl einer freudigen Ewigkeit empfand.

Tief bewegt dachte ich: *Nam-Myoho-Renge-Kyo ist wie ein Lobgesang von Engeln.*

Warum chanten ich und Millionen weitere Menschen?

Die einfachste Antwort ist: um eine Verkörperung von Glück zu werden.

In jedem Winkel jeden Landes, das ich auf meinen Reisen besucht habe, gibt es etwas, was alle Menschen gemein haben – den Wunsch nach bleibendem Glück.

Wir alle wollen glücklich sein. Die Suche nach Glück ist ein zentraler Instinkt, der über alle Überzeugungen und Kulturen hinausgeht. Alles, was wir sagen oder tun, wurzelt letztlich in der freilich oft unbewussten Überzeugung, dass unser Handeln zu Glück führen wird.

Das eigentliche Kunststück besteht darin, das Glück

Was du tust, bewirkt etwas,
und du musst entscheiden,
welche Wirkung
du hinterlassen willst.
Jane Goodall

Verbreite Liebe, wohin du auch gehst.
Lass niemanden zu dir kommen,
ohne glücklicher wieder zu gehen.
Mutter Teresa

andauern zu lassen. Glück ist ein Gefühl, und wie alle Gefühle kann es so schnell verschwinden, wie es sich eingestellt hat.

Wahres und bleibendes Glück ist schwer zu erreichen, darüber weiß ich nur zu gut Bescheid.

Auch nachdem ich mich aus schweren Anfängen zu internationaler Anerkennung emporgearbeitet hatte, gab es selbst in den besten Zeiten Augenblicke, in denen ich das Gefühl hatte, dass etwas fehlte. Mein Karma – meine karmischen Einschränkungen – war eine unsichtbare Kette, die mich rückwärts zog.

Den Begriff »Karma« hast du bestimmt schon gehört, aber worum handelt es sich genau? Es ist ein aus dem Sanskrit stammendes Wort, das »Handeln« oder wörtlich »Tat« bedeutet. Man kann es sich als Summe all unserer Handlungen – in Gedanken, Worten und Taten – vorstellen, seit anfangsloser Vergangenheit bis zu diesem Augenblick und weiter in die Zukunft, in der wir ständig neue Handlungen vornehmen. Karma ist also sozusagen die Bilanz unserer negativen und positiven Handlungen im Lauf der Zeit, ohne Anfang und ohne Ende.

Unser Karma bestimmt unseren vorherrschenden Lebenszustand. Es ist der Grund, weshalb wir manchmal festhängen und scheinbar nicht in der Lage sind, Hindernisse zu überwinden, weshalb wir wiederholt mit Mustern konfrontiert werden, die wir nicht wollen, und weshalb wir nicht fähig zu sein scheinen, uns aus niederen Lebenszuständen in höhere zu erheben. Solche Einschränkungen sind alle auf unser eigenes Handeln – also unser Karma – zurückzuführen.

Karmische Einschränkungen, die normalerweise unsichtbar sind, könnte man mit der Schwerkraft vergleichen. Wie der Einfluss von Karma ist auch der Zug der Schwerkraft nicht sichtbar, beeinflusst jedoch unaufhörlich alles, was wir tun.

Dennoch hat die Naturwissenschaft Möglichkeiten entdeckt, der Schwerkraft unserer Erde zu entkommen. Der Astrophysiker Neil de Grasse Tyson erklärt das schön einfach, indem er sagt, um der Schwerkraft zu entkommen, müssten wir uns mit einer Geschwindigkeit bewegen, die größer sei als diese. Diese *kosmische Fluchtgeschwindigkeit* besitzt jedes Objekt im Universum; für die Erde beträgt sie etwa 11,2 Kilometer pro Sekunde.

Wenn wir den Zug der Schwerkraft überwinden wollen, müssen wir die Erdoberfläche daher mithilfe einer Kraft verlassen, die so stark ist, dass sie uns mit mindestens 11,2 Kilometern pro Sekunde antreibt.

Die Wirkung von Karma stelle ich mir ähnlich vor.

Um uns von den unsichtbaren Fesseln unseres Karmas zu befreien, also gewissermaßen eine »karmische Fluchtgeschwindigkeit« zu erreichen, müssen wir unsere Lebenskraft vermehren, bis sie größer als die Kraft des karmischen Einflusses wird.

Nun ist manches Karma so leicht wie die Schwerkraft auf dem Mond. Dort ist die kosmische Fluchtgeschwindigkeit nur ein Sechstel so groß wie auf der Erde.

Anderes Karma ist so schwer, dass es uns unentrinnbar vorkommt. So haben auch meine eigenen Lebensumstände sich lange angefühlt. Schweres Karma ist wie der Einfluss eines gewaltigen Schwarzen Lochs, das alles in seinen zerstörerischen Abgrund zieht.

Um der Anziehung eines Schwarzen Lochs im Weltraum zu entkommen, müsste man schneller reisen als das Licht. Nach Albert Einstein kann sich jedoch nichts im Weltraum schneller bewegen als das Licht, weshalb man hilflos festsitzen würde.

Im Falle eines karmischen Schwarzen Lochs kann die eigene Lebenskraft aber eindeutig größer als die Lichtgeschwindigkeit sein. Nennen wir sie »die Erleuchtungsgeschwindigkeit«. Indem wir unsere spirituelle Erleuchtungsgeschwindigkeit erhöhen, können wir uns von der Anziehungskraft jeder karmischen Einschränkung befreien.

Mein Leben ist ein Beweis dafür.

Sich aus dem Sog negativen Karmas zu lösen erfordert manchmal keine äußere, sondern eine innere Veränderung – einen Sinneswandel oder eine andere Wahrnehmungsweise. Denn wie wir aus dem Modell der Zehn Welten wissen, kann die Qualität unseres Lebenszustands – ob hoch oder niedrig – uns dazu bringen, das Beste aus dem Schlimmsten oder das Schlimmste aus dem Besten zu machen.

Und hier kommt die Kraft von Nam-Myoho-Renge-Kyo zum Zuge.

Wörtlich bedeutet Nam-Myoho-Renge-Kyo: »Hingabe an das mystische Gesetz des Lotos-Sutras.«

Die Bedeutung dieses Satzes erschließt sich, wenn man seine Elemente einzeln betrachtet:

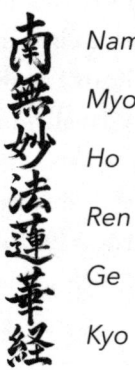

Nam

Myo

Ho

Ren

Ge

Kyo

Breite deinen Geist aus und flieg los.
Whitney M. Young Jr.

Das Schönste, was wir erleben können,
ist das Geheimnisvolle.
Albert Einstein

O Freund, verstehe:
Das Herz
ist wie das Meer,
reich an Schätzen,
die nur ihm gehören.
Mirabai

Nam bedeutet zu vertrauen oder sich etwas zu widmen.

Myoho bedeutet »mystisches Gesetz«, wobei *myo* auf die mystische Natur allen Lebens verweist und *ho* auf dessen wahrnehmbare Manifestationen. Damit drückt *Myoho* die fundamentale Lebenskraft des Universums aus.

Das nächste Wort *Renge* bedeutet »Lotosblume« und bezieht sich auf Ursache und Wirkung, da die Lotospflanze zugleich Blüte und Frucht hervorbringt.

Außerdem steht *Renge* für das Lotos-Sutra.

Kyo schließlich hat eine vielschichtige Bedeutung. Es bezieht sich auf die Lehren Buddhas und auf die Klangschwingung der Stimme.

Anschaulicher kann Nam-Myoho-Renge-Kyo so gedeutet werden: »Ich vertraue auf das universelle Mystische Gesetz von Ursache und Wirkung durch den Klang der Buddha-Weisheit.«

Stell dir das Chanten von Nam-Myoho-Renge-Kyo als eine Art spirituelles Training vor. Wahrscheinlich ist dir aufgefallen, dass sich manche Leute nur wenig üben müssen, um in guter körperlicher Verfassung zu bleiben, während andere dazu wesentlich mehr sportliche Betätigung brauchen. Mit der spirituellen Fitness verhält es sich meiner Meinung nach ähnlich.

Je nach unseren individuellen Umständen, unserer vorherrschenden Lebenssituation und unseren karmischen Mustern müssen wir uns unterschiedlich stark anstrengen, um spirituell stark zu bleiben. Abhängig ist das außerdem von unseren Zielen und davon, welche Veränderungen wir vornehmen wollen.

Während ich vor den härtesten Herausforderungen meines Lebens stand, träumte ich die kühnsten Träume, die ich mir vorstellen konnte, und ich chantete täglich mehrere Stunden, um sie zu erreichen. Wenn ich erzähle, wie viel ich in dieser harten Zeit praktizierte, staunen die Leute und sagen, sie könnten unmöglich die Willenskraft oder die Zeit aufbringen, etwas Derartiges jeden Tag stundenlang zu tun. Das ist verständlich und völlig in Ordnung.

Für dich sind vielleicht fünfzehn oder dreißig Minuten täglich das ideale Maß. Es kommt nur darauf an, so viel zu tun, wie das Herz es dir sagt, und jede Zeitspanne ist fruchtbar. Wie viel du chantest, liegt ganz an dir.

Mir hat es in diesen schwierigen Jahren Kraft gegeben, täglich mehrere Stunden zu praktizieren. Ich spürte die positive Wirkung, die es auf mein Leben hatte, und das motivierte mich, noch mehr zu chanten. Es kam mir einfach logisch vor. Wieso hätte ich etwas, was mein Leben so dramatisch verbesserte, nicht noch länger tun sollen?

Vergleichen könnte man das mit der Vorbereitung auf einen Sportwettkampf. In meinem Herzen hatte ich beschlossen, bei der spirituellen Olympiade die Goldmedaille zu gewinnen, aber in dem Zustand, in dem ich anfing, hätte ich mich nicht mal für ein Amateurteam qualifiziert. Deshalb musste ich mich mehr anstrengen, um meine Handicaps auszugleichen.

Wenn du dir vorstellst, wie viel Disziplin es erfordert hat, von da aus, wo ich mich befand, mein Ziel zu erreichen, wirst du verstehen, wieso ich damals so viel praktiziert habe. Als mein Lebenszustand und meine allgemeine Situation sich im Lauf der Jahre verbesserten, ging ich zu einer gemäßigteren Praxis über.

Ob ich nun Minuten oder Stunden chantete, ich habe mein tägliches Chanting immer geliebt. So habe ich mich gerettet. So habe ich meine kühnsten Träume wahr werden lassen.

Egal, welche Methode du verwendest, um dein Leben zu verbessern, am wichtigsten ist immer, daran zu denken, dass diese Bemühungen dich stärken und dir die Kraft geben werden, dich von deinen karmischen Einschränkungen zu befreien, dich in höhere Lebenszustände zu erheben und das Leben zu gestalten, das du führen willst.

Wenn wir Träume haben und, vor allem, wenn diese Träume groß sind, besteht immer eine Kluft zwischen der Realität des gegenwärtigen Moments und unseren Zielen. Entscheidend ist es daher, einen Weg zu finden, diese Kluft erfolgreich zu überbrücken.

Für mich hat meine spirituelle Praxis das geleistet. Harte Arbeit, Beharrlichkeit und spirituelle Kraft haben mir geholfen, meine Träume zu verwirklichen. Schon bevor ich vom Chanten erfuhr, besaß ich ein bestimmtes Arbeitsethos und war beharrlich, doch mir fehlte die spirituelle Kraft.

Während meine spirituelle Kraft zunahm, stellte ich fest, dass dies auch für meine Beharrlichkeit galt, und das wiederum wirkte sich auf meinen beruflichen Erfolg aus. Dass ich in allen Bereichen meines Lebens persönliche Erfüllung fand, begann, als ich das Tor zu meiner Weisheit, zu meiner Buddha-Natur, öffnete. Die drei Pfeiler Glauben, Praxis und Studium des Buddhismus haben alles zum Besten gewendet.

Wenn manche Leute das Wort »Glauben« hören, wenden sie sich ab, weil sie an von außen auferlegte Regeln und Verpflichtungen denken. Oder sie setzen Glauben mit einer Verleugnung der Wirklichkeit gleich. Für mich ist Glauben ein Gewahrsein unseres wahren Selbst, das Verständnis, dass die unendliche Würde des Universums und die Essenz unseres Lebens ein und dasselbe sind. Wir können fest in der Wirklichkeit verwurzelt sein und dennoch das Potenzial zum

Glücklichsein erkennen, das in uns existiert. Daher bedeutet Glauben für mich, das Potenzial unseres wertvollen Lebens zu schätzen und zu entfalten.

In diesem Sinne wünsche ich allen Menschen, dass sie zum Glauben finden.

Heißt das, ich würde von allen genau das erwarten, was ich selbst lebe? Natürlich nicht. Was ich will, ist, dass alle Menschen glücklich sind – wahrhaft glücklich.

Wenn ich die Botschaften lese, die ich aus der ganzen Welt bekomme, stelle ich immer wieder fest, dass viele Menschen nach neuen spirituellen Ansätzen suchen, um ihr Herz zu öffnen und ihre innere Freude, ihre Buddha-Natur, zum Vorschein zu bringen. Ich hoffe, dass die Werkzeuge, von denen ich auf diesen Seiten berichte, genau dabei helfen werden.

Wenn ich dich darin unterstützen kann, eine klarere Sichtweise zu finden, und wenn ich dich dazu motivieren kann, dein Potenzial zu entfalten oder auf irgendeine andere Weise ein glücklicherer Mensch zu werden, dann habe ich mein Ziel erreicht.

Unabhängig davon, wie du zu den höheren Welten gelangst, ob du nun den gleichen Weg wählst wie ich oder einen anderen, ich wünsche dir von ganzem Herzen, dass es dir gelingt.

4
Nimm dein Leben in die Hand

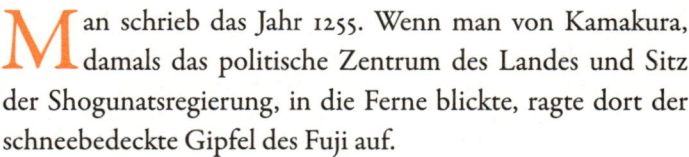

Man schrieb das Jahr 1255. Wenn man von Kamakura, damals das politische Zentrum des Landes und Sitz der Shogunatsregierung, in die Ferne blickte, ragte dort der schneebedeckte Gipfel des Fuji auf.

Von den Kiefern war ein Teppich aus Nadeln herabgefallen, den der Wind in einen üppig bewachsenen Winkel trug, den die Einheimischen als »Kiefernnadeltal« bezeichneten. Dort griff Nichiren in seiner bescheidenen Hütte nach dem Schreibpinsel, um eine kurze, aber tiefgründige Abhandlung zu verfassen. Sie trug den Titel »Über die Verwirklichung der Buddhaschaft in diesem Leben«.

So stelle ich mir den Moment vor, in dem Nichiren eine meiner liebsten spirituellen Schriften schuf.

Er schrieb: »Wer verblendet ist, wird als gewöhnliches Wesen bezeichnet, und wer erleuchtet ist, den nennt man einen Buddha. Das gleicht einem matt angelaufenen Spiegel, der glänzt wie ein Edelstein, wenn man ihn poliert.« Nam-Myoho-Renge-Kyo zu rezitieren sei die wirkungsvollste Praxis, den Spiegel unseres Lebens zu polieren, fuhr er fort.

Im Japan des dreizehnten Jahrhunderts wurden Spiegel aus glänzendem Metall gefertigt, das matt anlief, wenn man es nicht regelmäßig polierte. Darauf bezieht sich das Gleichnis vom Polieren des eigenen Spiegels. Aus heutiger Sicht könnte man von einem mit Staub oder Ruß überzogenen Spiegel sprechen, der gereinigt werden muss, um ein klares Bild wiederzugeben.

Wenn du dich aber selbst klar sehen kannst, so kannst du alles ändern.

Ich habe oft gesagt, zu chanten und den Spiegel meines Lebens zu polieren sei etwas »Mystisches«. Auf den interreligiösen Alben, die ich für *Beyond* aufgenommen habe, bezeichnen wir Nam-Myoho-Renge-Kyo als das »Mystische Gesetz«. Wie schon erwähnt ist das auch die Bedeutung von *Myoho*.

Der Ausdruck »Gesetz« bezieht sich hier auf das Gesetz von Ursache und Wirkung. Anders ausgedrückt, ist das Mystische Gesetz ein Naturgesetz wie das Gesetz der Schwerkraft. Wie wir gesehen haben, müssen wir nicht an die Schwerkraft glauben, damit sie wirkt und uns beeinflusst, und genauso brauchen wir nicht an das Gesetz von Ursache und Wirkung zu glauben, um davon beeinflusst zu werden.

Was die »mystischen« Aspekte angeht, müssen wir wohl die Erfahrung machen, Nam-Myoho-Renge-Kyo zu chanten, um seine tiefste Bedeutung wirklich zu begreifen. Versucht man, es Menschen zu erklären, die das nie getan haben, so ist das, als würde man jemandem, der noch nie Erdbeeren gegessen hat, deren Geschmack beschreiben wollen. Dennoch glaube ich, dass man begreifen kann, was für eine kraftvolle Wirkung das Chanten hat. Werfen wir also einen Blick darauf, wie wir damit den Spiegel unseres Lebens polieren können.

Zuerst will ich ein wenig über den menschlichen Geist sprechen.

Schon bevor ich mich für die buddhistische Philosophie interessierte, hat mich die Kraft des Unterbewusstseins fasziniert. In der Psychoanalyse ist vom Unbewussten die Rede, aber da der englische Ausdruck dafür *(unconscious)* auch »bewusstlos« bedeutet, spreche ich lieber vom Unterbewussten.

Vieles, was die moderne Wissenschaft über das Unterbewusstsein sagt, stützt die uralten buddhistischen Thesen zu diesem Thema. Diese Einsichten sind zeitlos und können erklären, wie die Praxis des Chantens dazu beiträgt, unser Karma zu verbessern.

Seit vielen Jahren beschäftige ich mich mit Theorien darüber, wie das Unterbewusstsein unser alltägliches Verhalten und unsere Wahrnehmung der Welt beeinflusst. Im Buddhismus habe ich eine ganz ähnliche Konstruktion über die Ebenen der Wahrnehmung gefunden, die dort als »neun Schichten des Bewusstseins« bezeichnet werden. Die alten buddhistischen Schriften beschreiben »Bewusstsein« und »Wahrnehmung« mit demselben Begriff.

Unsere fünf Sinne sind Hören, Riechen, Schmecken, Sehen und Tasten. Jeder dieser Sinne verschafft uns eine bestimmte Ebene des Bewusstseins. Das will ich verdeutlichen, indem ich euch wieder von einem Tag in meinem Leben erzähle, vom dritten Mai 2009, als in London mein Abschiedskonzert stattfand.

Voll Dankbarkeit für die Unterstützung, die ich im Lauf meiner Karriere immer in Großbritannien bekommen habe, stehe ich auf der Bühne, um den abendlichen Auftritt zu proben. Ich blicke auf die leere Arena hinunter (Sehen). Ich atme konzentriert und tief ein und aus (Riechen). Ich nehme einen Schluck von meinem liebsten Kräutertee (Schmecken) und genieße die beruhigende Wärme in meiner Kehle (Tasten).

Als ich den Becher wegstelle, nehme ich den feinen Sandelholzduft von Räucherstäbchen wahr, die hinter der Bühne brennen (Riechen). Ich nicke meinem Gitarristen zu, der mit dem Intro von »Proud Mary« beginnt (Hören). Als ich leicht mit meinen stahlverstärkten High Heels aufstampfe, spüre ich die Vibration der Bühnenbretter (Tasten). Dann geht es los. Ich gehe mit meinen Tänzerinnen die Schritte und Figuren durch (Tasten). Schließlich blicke ich wieder in die Arena, sehe sie im Geiste bis auf den letzten Platz gefüllt und stelle mir vor, dass ich von der freudigen Energie des Publikums eingehüllt werde und sie ihm direkt zurückgebe.

Meine sechste Bewusstseinsebene verbindet die Wahrnehmung der fünf Sinne zu einer zusammenhängenden Information. In dem Beispiel ist es dieses Bewusstsein, das es mir ermöglicht hat, zwischen der leeren Arena und meiner lebhaften Vorstellung, dass sie mit Menschen gefüllt ist, zu unterscheiden – so wie man den Unterschied zwischen einem Foto auf der Speisekarte und dem tatsächlichen Gericht erkennt.

Die siebte Ebene des Bewusstseins ist der »denkende Geist« und damit der Bereich des Egos, das mit der Anhaftung an unser geringeres Selbst und an die Lebenszustände der niederen Welten verknüpft wird.

Am Morgen meiner Probe in London hatte ich gehört, dass die Boulevardzeitungen ein unangenehmes Gerücht über mich verbreiteten. Nachdem ich jahrelang Buddhismus praktiziert und mich mit seinen Prinzipen beschäftigt hatte, war ich normalerweise in der Lage, solches Geschwätz einfach abzuschütteln, aber aus irgendeinem Grund musste ich mich damals besonders anstrengen, einen klaren Kopf zu bekommen, damit ich bei der Probe meine beste Leistung bringen konnte.

Sich Sorgen darüber zu machen, was andere über uns denken, ist ein Beispiel für eine Anhaftung an unser geringeres Selbst. In meinem Fall hat die Tatsache, dass ich mich um jemandes Meinung über mich gekümmert habe, meinen Lebenszustand vorübergehend nach unten gezogen.

Die siebte Ebene des Bewusstseins ist jene, in der unser Geist Vorstellungen entwickeln, Pläne schmieden und den Unterschied zwischen Richtig und Falsch bestimmen kann. Mir vorzustellen, wie ich einem riesigen Publikum meine Liebe sende, war eine Aktivität auf dieser Ebene.

Dieses siebte Bewusstsein ist auch das, was der französische Philosoph René Descartes als Beweis für seine Existenz ansah, als er erklärte: »Ich denke, also bin ich.«

Im Wachzustand bewegen wir uns hauptsächlich auf diesen sieben Bewusstseinsebenen. Mit den ersten fünf Ebenen nehmen wir Sinnesdaten auf, mit der sechsten verarbeiten wir sie, und mit der siebten Ebene denken wir über das Ganze nach.

Die achte Ebene des Bewusstseins wird als »Alaya« bezeichnet. Hier sammelt sich die Energie unseres Karmas an; entsprechend bedeutet das Sanskrit-Wort *ālaya* »Lagerhaus«. Ein Beispiel sind die Berge des Himalaya: *Hima* bedeutet »Schnee«, also steht »Himalaya« für »Lagerhaus für Schnee«. Diese Ebene unseres Bewusstseins empfängt die Ergebnisse all unserer Gedanken, Worte und Taten – unser Karma. Sie ist daher von großer Bedeutung und der wichtigste Einfluss auf unser Schicksal.

Mir leuchtet die Vorstellung ein, dass alles, was in meinem Leben geschieht, das karmische Ergebnis all meiner Gedanken, Worte und Taten ist – von den tiefsten Tiefen bis zu den höchsten Höhen.

Der Buddhismus lehrt, dass alles, was wir erleben, und

wenn es noch so unbedeutend ist, auf dieser achten Ebene unseres Bewusstseins gespeichert wird. Auch wenn wir nicht in der Lage sind, uns mit unserem denkenden Geist an alles zu erinnern, kann jede Erinnerung aus unserer Vergangenheit an die Oberfläche steigen, sobald der entsprechende äußere Impuls erfolgt.

Die achte Ebene des Bewusstseins ist zudem jene, die der Schweizer Psychiater C. G. Jung als »kollektives Unbewusstes« bezeichnet hat. Alle Menschen verfügen von Geburt an über einen gemeinsamen Erfahrungsschatz, der bis zu den Anfängen der Existenz zurückreicht. Diesen mystischen Einfluss sah Jung als kollektives – also gemeinsames – Gedächtnis. Das entspricht in etwa dem, was im Buddhismus als »kollektives Karma« bezeichnet wird. Es zeigt sich in Form unserer Instinkte und anderer unsichtbarer Aspekte unseres Bewusstseins. Jungs Theorie, dass wir aufs Engste zugleich mit unserer individuellen Vergangenheit und mit der umfassenden Vergangenheit der gesamten Menschheit verbunden sind, ähnelt dem buddhistischen Konzept des achten Bewusstseins.

Auf der tiefsten Ebene unseres Innern verfügen wir schließlich über das neunte Bewusstsein, das als »Amala« (»Reinheit«) bezeichnet wird. Es ist die leuchtende Ebene unserer Buddha-Natur, unser größeres Selbst, das nicht durch angesammeltes Karma verunreinigt werden kann. Diese transzendente Empfindung habe ich, wenn ich chante und mich eins mit allem Leben fühle.

Auch wenn ich auf der Bühne stehe, habe ich dieses Gefühl, denn dann werde ich getragen von der Energie, Liebe zu schenken und zu empfangen. Bei meinen Shows habe ich es besonders genossen, auf den Steg hinauszutanzen, der über dem Publikum aufragte. Von dort aus konnte ich einzelne

Gesichter sehen, den Menschen in die Augen blicken, ihre Freude an der Musik erleben und eine starke Verbindung mit ihnen spüren. Wenn ich am Ende des Abends die Bühne verließ, war ich immer überwältigt von der Erinnerung an Farben, Lichter, Töne und die vielen strahlenden Gesichter, die ich vor mir gesehen hatte.

Eine Verbindung zum Amala-Bewusstsein herzustellen ist der Schlüssel zur Umwandlung unseres Karmas. Amala ist die reine Lebenskraft, die einen positiven Einfluss auf alle anderen Ebenen hat.

Diese tiefste Ebene unserer angeborenen Buddhaschaft und die erleuchtete Essenz des Universums – die fundamentale Realität des Lebens – sind ein und dasselbe. Nichiren hat dem in Form von Nam-Myoho-Renge-Kyo Ausdruck verliehen und unseren Körper als »Palast des neunten Bewusstseins« bezeichnet.

Indem wir Nam-Myoho-Renge-Kyo chanten, öffnen wir die Tore zu diesem majestätischen Ort des Erwachens.

Hier und jetzt, so wie wir sind, den Lebenszustand der Buddhaschaft zu verkörpern bedeutet, unser Leben in die Hand zu nehmen. Wir öffnen dadurch in unserem innersten Wesen eine Quelle von Weisheit, Mut und Mitgefühl, wodurch wir fähig sind, alle Widrigkeiten zu überwinden.

Ich stelle mir die Schichten des Bewusstseins gern als Wasserbrunnen vor. Das neunte Bewusstsein ist unser ureigenes, tiefes Reservoir an reinem Wasser. Wenn wir chanten, öffnet sich eine Leitung, über die dieses reine Wasser durch unsere anderen Bewusstseinsschichten rauscht und dabei reinigend und klärend darauf wirkt, wie wir die Welt wahrnehmen.

Es ist von entscheidender Bedeutung, Zugang zu dieser

Das Bedürfnis nach Veränderung hat eine Straße
mitten durch mein Denken gebahnt.
Maya Angelou

Vor allem sei die Heldin deines Lebens,
nicht das Opfer.
Nora Ephron

Wenn dir der Weg, auf dem du gehst, nicht gefällt,
fang an, dir einen neuen zu bahnen.
Dolly Parton

reinigenden Kraft zu finden, da es beim Einfluss von Karma oft weniger darum geht, was in unserem Leben geschieht, sondern mehr darum, wie wir das wahrnehmen. Man könnte sagen, dass unsere inneren Ablagerungen unsere Weltsicht verdüstern.

Dieser Gedanke drückt sich in dem folgenden Vergleich aus, den ich einmal bei einem SGI-Treffen gehört habe:

Wenn wir verärgert sind, neigen wir dazu, anderen die Schuld zu geben. Die Wurzel unserer Gefühle aber befindet sich in uns selbst. Stell dir einmal vor, du wärst ein Glas Wasser. Am Boden dieses Glases haben sich deine früheren negativen Erfahrungen abgelagert. Stell dir dann eine unangenehme Situation oder Person als Löffel vor. Wenn der Löffel das Wasser umrührt, wird dieses durch die Ablagerungen getrübt. Das hat den Anschein, als wäre dafür der Löffel verantwortlich, aber ohne die Ablagerungen bliebe das Wasser rein. Selbst wenn wir den Löffel herausnehmen, bleiben unsere Ablagerungen erhalten und warten darauf, dass der nächste Löffel auftaucht. Wenn wir sie jedoch entfernen, bleibt unser Wasser immer rein, egal, was geschieht und wie sehr irgendein Löffel es umrühren mag.

Immer, wenn ich mich an diesen einfachen Vergleich erinnere, spüre ich Erleichterung darüber, dass ich die Kontrolle über meinen Lebenszustand habe, der sich nicht nur auf alle meine Gedanken auswirkt, sondern auch auf meine Reaktion auf alles Negative, was auftauchen mag. Ich weiß, dass ich alle Ablagerungen im sinnbildlichen Wasserglas meines Lebens entfernen kann, indem ich Kontakt zu meiner Buddhaschaft aufnehme.

Aus dieser Sicht ist leicht erkennbar, welchen Wert es hat, uns mit der tiefsten Ebene unseres Bewusstseins zu verbinden, dem reinen Quellwasser unserer Seele. Wenn wir das tun, können wir die Verwandlung unseres Schicksals beschleunigen, indem wir mehr Weisheit hervorströmen lassen und weniger Dinge tun, die unser Wasser von Neuem verunreinigen könnten.

Diese optimistische, stärkende Perspektive erinnert uns daran, dass in unserem tiefsten Bewusstsein sowohl positives als auch negatives Karma existiert. Die vielen guten Dinge, die wir getan haben (in Gedanken, Worten und Werken), werden ebenso in unserem Bewusstsein gespeichert. Wenn wir das bedenken, ist es eine große Inspiration, jeden Tag und mit jedem Schritt, den wir gehen, neues gutes Karma zu erschaffen.

Ob du nun glaubst, dass deine tiefsten Bewusstseinsebenen nur das jetzige Leben oder noch viele andere umfassen, hast du bestimmt manchmal erlebt, wie dir etwas in den Sinn kam, was du nicht erklären konntest – ein Gedanke, eine Ahnung oder ein Gefühl. Mir ist so etwas jedenfalls sehr vertraut. Manchmal schenkt uns dieses Gefühl die Lösung für ein Dilemma, vor dem wir stehen, oder sagt uns, welche Entscheidung wir treffen sollten. Wenn es dir so geht wie mir, hast du wahrscheinlich gedacht: *Wo ist das nur gerade hergekommen?*

Solche instinktiven Geistesblitze steigen aus unserem achten Bewusstsein auf.

Zuerst nahm ich dieses hilfreiche innere Orientierungssystem als kleines Mädchen wahr. Wenn ich draußen umherschweifte und eine Gefahr spürte wie an jenem Tag, als ich das erste Mal auf eine im Gras liegende Schlange stieß, befahl mir eine tiefe Ahnung, schnell wegzurennen. Das hatte mir niemand beigebracht – ich wurde nur von meinem Instinkt geleitet.

Damals staunte ich immer, wie einfallsreich die Tiere

waren, die ich beobachtete. Junge Vögel, die noch nie ein Nest gebaut hatten, lauschten ihren Instinkten – der kollektiven Weisheit von Mutter Natur –, um diese für sie neue Herausforderung zu meistern. Heute ist mir klar, dass Tiere Probleme lösen, indem sie auf ihr angeborenes Wissen hören, auf das, was aus ihrem achten Bewusstsein aufsteigt. Sie spüren die Energie, von der sie umflossen sind.

Das versuche auch ich in meinem Leben zu tun, und es tut mir gut, auf meine innere Stimme zu hören. Zwei meiner Tänzerinnen, die Zwillingsschwestern Karen und Sharon Owens, haben mehr als einmal zu mir gesagt, ich schiene zu spüren, was während eines Auftritts hinter mir auf der Bühne geschehe. Den beiden fiel auf, dass ich mich jedes Mal genau dann umdrehte, wenn eine Tänzerin versehentlich einen Schritt ausgelassen oder einer von den Musikern der Band irgendwas verpatzt hatte. »Wie hast du das denn überhaupt gemerkt?«, wollten sie von mir wissen.

Offen gestanden, bin ich mir da auch nicht sicher, aber wenn ich spürte, dass etwas auf der Bühne nicht so lief, wie es laufen sollte, bin ich mit einem Lächeln hinübergetanzt und habe meinem ganzen Team Liebe gesendet, damit sich alle stark fühlten und sich konzentrierten. Die Zwillinge meinten, ich hätte wohl Augen im Hinterkopf, und wir lachten darüber. Tatsächlich habe ich einfach meiner inneren Stimme gelauscht und mich auf die Energie ringsumher eingestellt. Ich glaube, das können wir alle, wenn wir uns darauf konzentrieren, in uns hineinzuhorchen.

Woher kommt diese Fähigkeit?

Wir wissen, dass durch die DNA physische Eigenschaften von einer Generation an die andere weitergegeben werden. Eines Tages, glaube ich, wird die Wissenschaft nachweisen, dass auch unsere unsichtbaren Eigenschaften so übermittelt werden. Das wäre wie eine spirituelle DNA, in der die Aspekte unseres Karmas enthalten sind.

Ein Vogel ist wegen seiner physischen DNA ein Vogel, aber seine Fähigkeit, bestimmte Aufgaben zu verrichten, die er nie beigebracht bekommen hat, stammt aus seiner spirituellen DNA. Sie ist ein Teil jener größeren, unsichtbaren, weisen Energie, von der alles Leben durchströmt wird.

Wir alle, glaube ich, verfügen über dieselbe innere Weisheit, die in Mutter Natur zu finden ist. Das ist die Stimme unserer Buddha-Weisheit oder unseres Christus-Bewusstseins tief in unserem Innern.

Es geht einfach darum, den Lärm unseres Egos zu durchdringen, um diese Botschaften zu empfangen. Wenn wir hinter alle Ablenkungen blicken und unseren Geist klar wahrnehmen können, wird unsere innere Weisheit uns in jedem Augenblick sagen, wie wir am besten handeln sollten.

Sobald du dich klar siehst, wird auch dein Weg klar erkennbar sein, und du wirst die Kraft haben, alles zu verwandeln, was deinem Erfolg, deiner Gesundheit und deinem Glück im Weg steht.

Die Funktionen des Geistes sind wahrhaft geheimnisvoll, und es ist schwer zu bestimmen, wo genau das »denkende Selbst« zu lokalisieren wäre. Oft kommt es uns vor, als würden unsere Gedanken nirgendwoher kommen, dennoch erschaffen sie die Wirklichkeit der Welt, in der wir leben.

Alles, was die Menschheit je erschuf, begann mit einem Gedanken.

Unsere Gedanken führen zu unseren Worten und Taten, die wiederum unser Karma erschaffen. Darauf bezieht sich der

Fürchte dich nie davor,
eine Weile dazusitzen und nachzudenken.
Lorraine Hansberry

Vergiss nicht: Man braucht nur wenig,
um ein glückliches Leben zu führen.
Das Glück deines Lebens hängt
von der Beschaffenheit deiner Gedanken ab.
Mark Aurel

Gedanken regieren die Welt.
Ralph Waldo Emerson

römische Kaiser und Philosoph Mark Aurel, wenn er sagt: »Das Glück deines Lebens hängt von der Beschaffenheit deiner Gedanken ab.«

Das ist der Grund, weshalb ich versuche, Fröhlichkeit und Humor in meine Gedanken und damit auch meine Worte zu bringen. Es macht meinen Tag heller. Meine Freunde sagen, selbst wenn ich mit ihnen über die schmerzhaften Erlebnisse spräche, die mir früher widerfahren sind, tue ich das mit Humor.

Weißt du, was manche über Humor sagen? Humor ist Tragik plus Zeit.

Ich bin froh, dass ich an einen Punkt gekommen bin, an dem ich über mein Leben und über mich selbst lachen kann; es hellt meine Gedanken auf. Das ist wichtig, denn unsere Gedanken und die Art und Weise, wie wir denken, beeinflusst jeden Bereich unseres Lebens.

Wann hast du das letzte Mal darüber nachgedacht, wie Gedanken entstehen?

Als ich Ende 2013 einen Schlaganfall hatte, wurde ich drastisch an die Bedeutung unserer Gehirnfunktionen erinnert und daran, wie wir Gedanken erzeugen. Während mein phantastisches medizinisches Team an meiner Genesung arbeitete, machte ich mich zusätzlich ans Werk, mich selbst zu heilen. Ich wollte die Funktionen meines Gehirns begreifen, damit ich mir meinen Weg zurück zur Ganzheit vorstellen konnte.

Herausgefunden habe ich dies: Die Wissenschaft sagt uns, dass zwischen den Neuronen unseres Gehirns ein Kommunikationsfluss stattfindet. Neuronen sind jene spezialisierten Nervenzellen, die im Körper Informationen übermitteln und unsere Fähigkeit zu denken ermöglichen. Das heißt, die Neuronen in deinem Gehirn befähigen dich in diesem

Moment dazu, die Informationen aufzunehmen, die ich dir hier mitteile.

Neuronen kommunizieren miteinander durch schnelle elektrische Impulse, die Gehirnwellen erzeugen. Mit entsprechenden Geräten kann man diese Wellen aufzeichnen, wodurch ein kontinuierliches Bewusstseinsspektrum sichtbar wird, das von langsamen Wellen mit niedriger Frequenz bis zu schnellen mit hoher Frequenz reicht.

Wenn wir uns im Tiefschlaf befinden, erzeugt unser Gehirn Wellen mit niedriger Frequenz, und wenn wir aktiv denken, entstehen Wellen mit wesentlich höherer Frequenz. Gemessen werden die Gehirnwellen in Hertz (Hz), einer Einheit, die die Anzahl sich wiederholender Vorgänge pro Sekunde angibt. Im Schlaf liegen die niedrigsten Werte unterhalb von 4 Hz, bei hochkonzentriertem Denken bei 40 Hz oder mehr.

Das Gehirn ist wirklich eine erstaunliche organische Maschinerie!

Es ist wissenschaftlich erwiesen, dass rhythmisches Chanten die Gehirnwellen auf eine Frequenz zwischen 7 und 8 Hz bringen kann. Das ist auch die typische Frequenz, wenn wir schöpferische Ideen haben, Musik und Kunst erschaffen oder uns einfach ruhigen, kreativen Gedanken hingeben.

Ich finde es interessant, dass die Frequenz beim Chanten mit der Resonanzfrequenz der Erde korrespondiert. Nach dem Physiker Winfried Otto Schumann, der sie vorausgesagt hat, wird sie auch als »Schumann-Resonanz« bezeichnet. Sie beträgt 7,83 Hz. Vielleicht ist das nur ein »Zufall«, aber da ich nicht an Zufälle glaube, nehme ich an, dass man eines Tages eine sinnvolle Bedeutung dieser Übereinstimmung entdecken wird.

Vorläufig bin ich schon damit zufrieden, dass es bereits wissenschaftliche Beweise für den körperlichen und emotionalen Nutzen des Chantens gibt. Schon vor Jahrtausenden haben Buddhisten damit begonnen, es als Heilmethode bei einer Vielzahl psychischer Krankheiten einzusetzen. Heute bestätigen Vertreter der modernen Psychiatrie immer häufiger, dass es eine positive Wirkung auf psychische Probleme hat, zum Beispiel bei einem geringen Selbstwertgefühl, bei der Rehabilitation von Suchterkrankungen und bei posttraumatischen Belastungsstörungen.

Nachdem ich den Nutzen dieser Praxis seit beinah fünf Jahrzehnten kenne, glaube ich, dass eine Zeit kommen wird, in der man den Buddhismus als Wissenschaft des Geistes und als gute Medizin für Geist und Körper betrachten wird.

Während ich in den vergangenen zehn Jahren mit so vielen gesundheitlichen Problemen konfrontiert war – zuerst der Schlaganfall, dann Darmkrebs, Nierenversagen und mehr –, hat sich der unschätzbare Wert meiner langen spirituellen Praxis erwiesen. Keines dieser Probleme hat mich erschüttert, zumindest nicht lange. Ich habe meine ganze Widerstandskraft aufgeboten. Und ich weiß, dass meine Fähigkeit, den Heilungsprozess gut zu durchlaufen, ebenfalls durch meine Praxis entstanden ist.

Bei den vielen Krankenhausaufenthalten und Operationen habe ich immer an einen Spruch von Nichiren gedacht, der mir Kraft gab: »Nam-Myoho-Renge-Kyo ist wie das Brüllen eines Löwen. Welche Krankheit kann da noch ein Hindernis sein?«

Das habe ich als Aufruf empfunden, Mut zu haben. Ich habe meine innere Löwin beschworen und gebrüllt.

Ich habe gebrüllt und gebrüllt, wieder und wieder, bis ich

alle gesundheitlichen Probleme überwunden hatte, so wie jede andere Herausforderung zuvor.

Die Herausforderungen, vor denen wir im Leben stehen, können von außerhalb von uns kommen oder von innen.

Aus eigener Erfahrung weiß ich, dass sich in unserem Kopf manchmal negative Stimmen melden, und die können gefährlich sein. Zum Beispiel behaupten sie vielleicht, wir wären zu alt, zu jung, zu schwul, zu hetero, zu dünn, zu dick, zu dies, zu jenes. Vielleicht sagen sie uns auch, es sei zu spät für unsere Träume oder dass niemand uns je lieben wird. Sie können uns alle möglichen Lügen erzählen, um uns in einem ungesunden Kreislauf aus Selbstzweifel gefangen zu halten.

Vielleicht hast auch du zugelassen, dass deine negativen Stimmen dein Selbstwertgefühl untergraben, deine Arbeit behindern oder dich in einer ungesunden Beziehung festhalten. Falls das der Fall sein sollte, ist es an der Zeit, dass du diesen Stimmen sagst, du hättest ihre Propaganda lange genug gehört und würdest sie jetzt nicht mehr hinnehmen. Sobald du sie in die Wüste schickst, hältst nur du allein den Stift, mit dem du die Geschichte deines Lebens schreibst.

Damit, wie man den eigenen negativen Stimmen die Macht entreißt, kenne ich mich bestens aus.

Als Kind wurde mein Denken durch den ständigen Streit meiner Eltern geprägt. An seine Stelle trat dann der emotionale Missbrauch in meiner ersten Ehe.

Es hat viele Zeiten in meinem Leben gegeben, in denen negative Stimmen mir im Kopf herumgegangen sind. Ich habe vor ihnen kapituliert, als ich in meinen dunkelsten Tagen versuchte, mich umzubringen. Aber die Tatsache, dass

Es ist nicht die Last, die dich zusammenbrechen lässt,
sondern die Art und Weise, wie du sie trägst.
Lena Horne

Schwierigkeiten sind nicht unbedingt beklagenswert.
Es hängt von deiner Haltung ab.
Du kannst dich von Schwierigkeiten
niederdrücken lassen
oder sie dazu nutzen, Kraft aufzubauen.
Indira Gandhi

Für ein einziges Ja
habe ich mich auf einen Berg aus Nein gestellt.
B. Smith

ich überlebt habe, hat mich erkennen lassen, dass ich einen Lebenszweck hatte – eine Mission.

Da beschloss ich, mein Leben in die Hand zu nehmen und um meine Zukunft zu kämpfen.

Dazu musste ich mich erst einmal hinsetzen und in meinem Innern auf die Suche gehen. Der wirksamste Kampf um meine Zukunft musste in meinem eigenen Geist beginnen.

Also habe ich mein Unterbewusstsein erforscht und bin dabei auf meine Buddhaschaft gestoßen. Ich habe jede Ebene meines Bewusstseins mit dem reinen Wasser meiner Gebete geflutet und durch meine spirituelle Praxis langsam, aber sicher die negativen Stimmen in mir immer mehr beruhigt, bis sie schließlich verstummt waren.

Nachdem ich von den neun Schichten des Bewusstseins erfahren hatte, erkannte ich, dass diese Stimmen karmische Rückstände waren – die Ablagerungen, von denen ich gesprochen habe – und dass sie aus der achten Schicht aufstiegen und mich quälten.

Eine weitere Möglichkeit, mit solchen Stimmen umzugehen, besteht darin, sie sich als Geister früherer Erfahrungen vorzustellen, die in der Gegenwart erscheinen.

Vielleicht hast auch du schon einmal gehört, wie negative Stimmen aus früheren Erfahrungen in deinem Kopf ertönt sind. Ich glaube, wir alle haben mit so etwas von Zeit zu Zeit zu tun.

Vertreib diese Stimmen ein für alle Mal!

Es kommt eigentlich nicht darauf an, ob du den genauen Ursprung von negativen mentalen Botschaften kennst. Es geht nur darum, sie loszuwerden. Wenn du es zulässt, dass sie in dir bleiben, verstärkt das einen schädlichen inneren Dialog.

Dadurch entsteht Angst, verinnerlichte Angst, die deine Entscheidungsfindung sabotiert.

Wenn du jedoch aufgrund von Angst Entscheidungen triffst, ob nun bewusst oder unbewusst, lockst du genau das an, was du vermeiden wolltest. Deshalb ist es so wichtig, dass wir unser Denken steuern und dafür sorgen, dass unsere Entscheidungen authentisch sind und auf unserem Glück statt auf unserer Angst beruhen.

Ich hoffe, dass du nie wieder eine negative Stimme in deinem Kopf hörst.

Für den Fall, dass das aber doch geschehen sollte, gebe ich dir einen einfachen Rat, sie zu vertreiben: Hör auf, an sie zu glauben. Bring solche Geisterstimmen und die Negativität, die sie verbreiten, zum Verstummen, indem du ihre schädlichen Geschichten zurückweist. Sieh sie als das, was sie in Wahrheit sind – Überbleibsel aus der Vergangenheit und damit etwas, was gar nicht mehr existiert. Sie sind Illusionen und Täuschungen.

Wenn du in die Falle tappst, solchen Stimmen zu glauben, klammerst du dich an der Vergangenheit fest. Innere Negativität wurzelt immer in der Vergangenheit.

Und wenn du dich an der Vergangenheit festhältst, stehst du nur deiner Zukunft im Weg.

Geschätzte Erinnerungen an schöne Erlebnisse, die du mit geliebten Menschen hattest, frühere Leistungen, freudige Gedanken daran, wie du Widrigkeiten überwunden hast, deine Lieblingsfilme und Songs aus der Vergangenheit – das sind Beispiele für positive Dinge, die in der Gegenwart wertvoll sind. Aber das ist etwas anderes, als sich an der Vergangenheit festzuklammern oder sie im Geiste noch einmal zu erleben. Das kann sehr schädlich sein, vor allem, wenn du unangenehme Erfahrungen wiederaufleben lässt.

Eines weiß ich ganz sicher: Wir müssen aus unseren unangenehmen Erfahrungen etwas lernen. Sonst haben sie weiterhin Macht über uns, und wir fühlen uns gezwungen, sie zu wiederholen.

An der Vergangenheit festzuhalten kann auch zu einer falschen Wahrnehmung der Gegenwart führen, was Leiden verursacht. Uns selbst, andere Menschen und die Welt, in der wir leben, klar so wahrzunehmen, wie sie wirklich sind, ist der einzige Weg zum Glück. Und eine klare Wahrnehmung wurzelt immer in der Gegenwart.

Unsere Wahrnehmung hat eine mächtige Wirkung, und wie wir uns selbst sehen, ist damit verflochten, wie andere uns sehen. Das weiß ich aus eigener Erfahrung. Seit meinen Zwanzigern haben mir nahestehende Menschen gesagt, ich sei eine intelligente, begabte, starke und schöne Frau. Ich habe mich gefreut, diese ganzen Eigenschaftswörter zu hören, mich aber selbst nie schön gefühlt.

Die meisten Kinder sind unsicher, was ihre äußere Erscheinung angeht, und wenn sie älter werden, nehmen sie das Erscheinungsbild von anderen stärker wahr, vor allem als Teenager. Für mich hat das auf jeden Fall gegolten.

Ich hatte nie das Gefühl, ich würde in das Schema passen, wie ein »hübsches Mädchen« auszusehen hatte. Unter anderem war ich mager – in meinen Augen viel zu mager, um für schön gehalten zu werden. Damals waren Kurven das Ideal, und die hatte ich einfach nicht.

Als ich auf der Highschool Basketball spielte, verbrachte ich die Nacht vor wichtigen Spielen oft im Elternhaus meiner

Tritt heraus aus der Geschichte, die dich zurückhält.
Tritt ein in die neue Geschichte,
die du zu schaffen bereit bist.
Oprah Winfrey

Nichts kann dein Leben gelingen lassen,
wenn du nicht sein Architekt bist.
Terry McMillan

Ich entscheide mich, den Rest meines Lebens
zum besten Teil meines Lebens zu machen.
Louise Hay

Freundin Carolyn. Manchmal, wenn ich vergessen hatte, Sachen zum Wechseln mitzubringen, habe ich mir etwas von ihr geborgt. In ihren Jeans sahen meine Beine dicker aus, was mich unglaublich glücklich machte. *Eines Tages*, schwor ich Carolyn und mir, *werde ich lange Haare, breite Hüften und Beine haben, und dann werden alle finden, dass ich schön bin.*

Es ist lustig, jetzt daran zurückzudenken, denn obwohl mein Wunsch wahr und ich später für meine Beine fast ebenso berühmt wurde wie für mein Talent, konnte ich meine eigene Schönheit trotzdem nicht erkennen.

Zu Beginn meiner Karriere verbrachte ich sehr viel Zeit damit, mich für die Auftritte zurechtzumachen. Ich versuchte, dafür zu sorgen, dass jedes Haar sich an der richtigen Stelle befand und dass mein Kostüm perfekt war. Aber wenn ich in den Spiegel blickte, hörte ich immer noch Stimmen, die mir sagten, ich würde doch nie so gut aussehen, wie ich hoffte.

In meiner Kindheit haben meine Eltern mich nur selten gelobt oder mir Zuneigung gezeigt. Im Rückblick kann ich erkennen, dass sie so sehr damit beschäftigt waren, einander – und sich selbst – abzulehnen, dass sie nicht genug Liebe empfanden, um sie mit jemand anders zu teilen. Dazu passt der berühmte Spruch von RuPaul: »Wenn du dich selbst nicht lieben kannst, wie zum Teufel sollst du dann jemand anders lieben?«

Amen.

Damals jedoch dachte ich, dass mit mir irgendetwas nicht in Ordnung sei und man mich vielleicht schlicht nicht lieben könne. Ich kann mich nicht erinnern, dass man mir als Kind je gesagt hätte, ich sei schön. Dafür erinnere ich mich daran, wie zärtlich meine Mutter sich um die Haare meiner Schwester gekümmert hat, während ich geduldig, aber vergeblich darauf wartete, an der Reihe zu sein. In meinem Herzen wünschte ich mir insgeheim, sie würde mein Gesicht so streicheln und meine Haare so liebevoll kämmen, wie sie es bei meiner Schwester tat, doch ich wurde immer enttäuscht. Die Grobheit, mit der meine Mutter mir die Haare kämmte, drückte aus, was sie für mich empfand beziehungsweise nicht empfand.

Wenn ein Kind, das sich ungeliebt fühlt, älter wird, fühlt es sich ebenfalls unerwünscht und unattraktiv.

Obwohl ich mich anstrengte, all die dysfunktionalen Aspekte meiner Kindheit hinter mir zu lassen, sickerten sie automatisch in mein Bewusstsein. Ich versuchte, mich von der Negativität dieser Lebensphase zu entfernen, aber die destruktiven inneren Stimmen blieben erhalten. In meinen Zwanzigern und frühen Dreißigern erzählten sie mir eine Menge Lügen.

Ich hörte, wie Journalisten in den Medien Dinge über mich sagten, die sie selbst womöglich gar nicht für negativ hielten, aber aus meiner Sicht wiederholten sie nur, wie unattraktiv ich sei. Bezeichnungen wie »frech«, »wild« und »verwegen« verstärkten, was die negativen Stimmen in meinem Hinterkopf sagten: *Tina, du bist einfach nicht hübsch.*

Nichts, was ich tat, schien etwas an diesem Muster zu ändern, und meine von Missbrauch geprägte Ehe half mir da auch nicht gerade weiter. Selbst als ich mein Leben in die eigenen Hände genommen und mich losgerissen hatte, gelang es mir nicht, meine eigene Schönheit zu sehen. Und wenn ich »Schönheit« sage, meine ich auch meinen Wert.

Nachdem ich mich dann mehrere Jahre mit Chanten beschäftigt hatte, hatte ich eine Offenbarung. Mir wurde klar, dass ich die ganze Negativität von Kindheit an verinnerlicht hatte und sie jetzt immer noch mit mir herumschleppte. Das aber zog meinen Lebenszustand nach unten.

Im Rückblick auf mein Leben, über das die Medien so viel berichtet haben, scheint das jetzt offensichtlich zu sein, aber damals war es eine verblüffende Erkenntnis für mich.

Deshalb nahm ich mir auf der Stelle fest vor, nicht mehr an die alte Negativität zu glauben und ungesunde Gedanken durch gesunde zu ersetzen. Wenn ein negativer Gedanke in mir auftauchte, wiederholte ich als Gegenmaßnahme achtmal hintereinander einen positiven. Bald fing ich an, mich trotz aller Unvollkommenheiten selbst zu lieben. Ich hörte auf, mich mit anderen zu vergleichen, was man ohnehin nie tun sollte, und dadurch sah ich auch in meinen Augen endlich gut aus.

Die Schönheitsideale von anderen interessierten mich nicht mehr; nun war mir nur noch wichtig, wie ich mich fühlte. Ich glaubte zwar immer noch, eine männliche Gestalt und Beine wie ein Pony zu haben, aber ich konnte diese Gestalt samt ihren Beinen endlich wahrhaft lieben, und das war offensichtlich auch von außen erkennbar.

Nachdem mein Bewusstsein sich so verwandelt hatte, wurde ich eingeladen, bei einer öffentlich stark beachteten Veranstaltung aufzutreten. Das war, kurz bevor »Private Dancer« herauskam, das Album, das mir den Durchbruch brachte. Ich frisierte mir selbst die Haare, trug selbst Make-up auf und wählte Stücke aus meinem Kleiderschrank, in denen ich mich wohlfühlte, statt andere damit beeindrucken zu wollen.

Was nach diesem Abend über mich in der Presse zu lesen war, enthielt Eigenschaftswörter, mit denen man mich noch nie zuvor beschrieben hatte. Es waren dieselben positiven Ausdrücke, die ich inzwischen zu mir selbst sagte, wenn ich in den Spiegel blickte – Ausdrücke, die ich gern von meiner Mutter gehört hätte: »schön«, »bezaubernd« und »strahlend«.

Die tiefgreifenden Veränderungen in meinem Bewusstsein und meiner Wahrnehmung hatten also nicht nur eine Verwandlung in mir selbst bewirkt, sie hatten sich auch auf die Menschen in meiner Umgebung ausgewirkt. Die sahen mich jetzt anders, weil ich anders war. Ich strahlte Selbstakzeptanz und Selbstvertrauen aus.

Indem wir Illusionen durch Klarheit ersetzen und negative Botschaften durch positive, können wir uns vom Leiden befreien.

Falls es irgendeinen Teil von dir selbst geben sollte, den du nicht wertschätzt, liebst und ehrst, wirst du hoffentlich eine der positiven Methoden verwenden, die dir zur Verfügung stehen: Chanten, Meditation, Yoga, Sport, Selbstbestätigung, Psychotherapie. Damit kannst du deinen Geist von früherer und heutiger Negativität reinigen und die in ihm enthaltenen Gifte in etwas Wertvolles verwandeln (mehr darüber findest du im fünften Kapitel).

Selbst wenn es uns gelingt, die inneren Quellen der Negativität zum Schweigen zu bringen, sind wir weiterhin mit Negativität von außerhalb konfrontiert, zum Beispiel mit dem Übel der Diskriminierung.

Als ich jung war, erwartete man von Frauen nicht viel, vor allem nicht von einer »farbigen Frau« wie mir. Im ersten Vierteljahrhundert meines Lebens war Rassendiskriminierung gesetzlich festgeschrieben. Die Gesetze hat man zwar geändert, aber die Menschen entwickeln sich nicht so schnell.

Wer von uns ist nicht irgendwann
der Propaganda erlegen, hat in den Spiegel geschaut
und sich mangelhaft gefühlt?
Marcia Ann Gillespie

Die Schönheit, die ich am meisten will,
ist schwer zu erhalten und kommt von innen:
Stärke, Mut, Würde.
Ruby Dee

Nicht alles, was sich uns stellt,
lässt sich ändern,
aber nichts lässt sich ändern,
wenn wir uns ihm nicht stellen.
James Baldwin

Ich dachte, das Beste, was ich beruflich erreichen könnte, wäre eine Stelle als Lehrerin oder Krankenschwester. Da ich schon immer gut mit jüngeren Kindern umgehen konnte, stellte auch meine Mutter sich vor, dass ich Kinderkrankenschwester oder Lehrerin werden würde, vorzugsweise Krankenschwester, weil das besser bezahlt war. Tatsächlich habe ich später als Schwesternhelferin gearbeitet und viel dabei gelernt, aber tief in meinem Herzen spürte ich immer, dass ich eines Tages etwas unterrichten würde.

Mit diesem Buch, das ich als eine Art Unterricht betrachte, erfülle ich mir jetzt diesen langgehegten Traum – und dazu noch in meinen Achtzigern. Ich hoffe, dass schon diese Tatsache dich beflügeln wird, deine Träume nie aufzugeben.

Als ich in den frühen Sechzigerjahren mit der Ike & Tina Turner Revue auf Tournee ging, gab es Hotels für Weiße und solche für Schwarze. Und ob ihr es glaubt oder nicht, manchmal nahmen uns selbst die Hotels für Schwarze nicht auf, weil manche Hotelbesitzer geringschätzig auf Musiker und andere Künstler herabblickten. So erfuhr ich, dass es selbst unter Schwarzen Diskriminierung gab.

Die Begegnung mit Rassismus und Klassendenken war nur der Anfang meiner Erfahrungen mit Vorurteilen. Später war ich mit Altersdiskriminierung und Sexismus konfrontiert. Mit zweiundvierzig Jahren versuchte ich, meine Karriere neu zu starten. Als schwarze alleinstehende Mutter, die bei Freunden untergekommen war, weil ich mir nach meiner Scheidung keine eigene Wohnung leisten konnte, musste ich mehrere Barrieren durchbrechen, um meine beruflichen Ziele zu erreichen, und diese Barrieren kamen mir manchmal unüberwindbar vor.

Obwohl das Showbusiness den Ruf hat, liberal zu sein, erwies es sich als ziemlich repressiv, wie ich feststellen musste, während ich eine Karriere als Solokünstlerin starten wollte. Dabei stieß ich auf zwei gewaltige Vorurteile. Einerseits sagten manche Manager, ich sei zu alt (mit gerade mal zweiundvierzig!), und andererseits passte die Tatsache, dass ich weiblich und schwarz war, nicht zu ihrer vorgefassten Meinung, wie ein Rockstar auszusehen habe.

Dennoch ließ ich mich von nichts herunterziehen, während ich mein Leben weiter in die Hand nahm. Ich kämpfte weiter, mit Geduld, Mitgefühl und der Einstellung, niemals aufzugeben. Dabei war mir klar, dass ich nicht nur mein eigenes Karma veränderte, sondern vor dem Hintergrund der achten und neunten Bewusstseinsebene auch dazu beitrug, das kollektive Karma der Gesellschaft und unserer ganzen Menschheitsfamilie zu ändern.

Ich würde mir wünschen, dass meine persönliche Erfahrung, Barrieren zu durchbrechen, in die Welt ausstrahlt und anderen Menschen – darunter dir – dabei hilft, auf das Glück zuzugehen und das eigene, wunderbare Buddha-Bewusstsein wahrzunehmen.

Nachdem ich durch meine spirituelle Praxis beinah ein halbes Jahrhundert lang in Kontakt mit den tiefsten Bewusstseinsebenen gekommen bin, glaube ich ernsthaft, dass wir alles zum Guten wenden können. Das wird uns gelingen, indem wir die Wahrnehmung der uns angeborenen Buddha-Natur ins Gewebe unseres täglichen Lebens einbringen.

Gleich, ob du zum ersten Mal von buddhistischer Philosophie erfährst, schon seit Langem chantest oder nach der Lektüre dieses Buches kein einziges Wort mehr übers Chanten hören willst, erinnere dich bitte an den folgenden Gedanken. Er ist meine persönliche Interpretation des reinen neunten Bewusstseins der Buddhaschaft.

Ich glaube, dass wir alle etwas in uns tragen, was ich als eine »Münze Gottes« bezeichne. Es ist ein Stück der ewigen Energie des Universums, die Essenz der Buddha-Natur. Eine Münze ist ein geprägter Anteil vom Wert des größeren Systems, zu dem sie gehört, und jedes Lebewesen ist ein unvergleichlicher Schatz, der aus unserem großen Universum heraus entstanden ist. Mögen wir alle Wertschätzung für uns selbst empfinden und diese Güte auf alle Lebewesen ausdehnen, mit denen wir diesen gesegneten Planeten teilen!

5
Verwandle Gift in Medizin

Edelsteine in verschiedenen Größen und Farben glänzten in der Mittagshitze. So weit das Auge reichte, schaukelten sie anmutig auf goldenen und silbernen Stängeln im Wind. Ich ging durch dieses surreale Schatzfeld, pflückte Edelsteine und füllte den Jutesack über meiner Schulter mit einer funkelnden Sammlung. *Gib das Ding lieber ab, bevor es zu schwer wird,* dachte ich gerade, als eine Stimme mich in die Wirklichkeit zurückholte.

»Anna Mae, du kannst bestimmt mehr tragen als das da«, sagte ein Aufseher.

Wieder einmal in Tagträumen versunken, hatte ich mich an einen wundersamen Ort versetzt, während ich tatsächlich neben meinen Klassenkameraden aus der Grundschule in einem Baumwollfeld schuftete.

Die Sommerferien waren meine liebste Zeit. Für schwarze Kinder waren sie allerdings wesentlich kürzer als für weiße. Die schwarzen Kinder gingen damals alle in »Farbigenschulen«, und man erwartete von uns, dass wir in der Erntezeit den Erwachsenen auf den Baumwollfeldern halfen. Deshalb begann für uns die Schule schon im Juli wieder, damit wir von Mitte September bis November für die Ernte freibekommen konnten.

Obwohl meine Sommerferien also kurz waren, freute ich mich darauf, weil ich dann viel im Freien sein konnte.

Zu meinen liebsten Beschäftigungen gehörte die Suche nach vierblättrigen Kleeblättern. Wenn ich eins entdeckte, staubte ich es sofort ab, steckte es in den Mund und schluckte es. Irgendwie hoffte ich, dass das mein Glück ändern würde. Mir war nicht bewusst, dass mein Glück – mein Schicksal – sich schon in mir befand.

Durch alles, was ich seit jenen frühen Tagen erlebt habe – vom Umzug nach St. Louis als Teenager über die Verwandlung in »Tina Turner«, die Geburt und das Aufwachsen von zwei wunderbaren Söhnen bis zu einem gewissen Starruhm –, ist mir klar geworden, dass jedes Leben seinen Anteil an Problemen hat.

Ich habe noch niemanden getroffen, der nicht das eine oder andere Problem gehabt hätte. Wenn wir feststellen, dass wir gerade keins haben, ist es nur eine Frage der Zeit, bis ein neues auftaucht. So ist das Leben!

Mach dir also keine Sorgen, wenn du meinen solltest, nur du allein würdest vor Herausforderungen stehen. Wenn die Leute um dich herum scheinbar keine Probleme haben, bedeutet das nur, dass du sie nicht gut genug kennst, um genau über sie Bescheid zu wissen, oder dass sie es verstehen, ihre Schwierigkeiten gut zu verbergen. Alle Lebewesen stoßen unausweichlich auf Probleme. Deshalb hat Nichiren gesagt: »Niemand kann Probleme vermeiden, nicht einmal Weise.«

Wenn man ein Leben voll Freude führen will, geht es nicht darum, das Unvermeidliche zu vermeiden. Das habe ich selbst festgestellt. Freude entsteht, indem wir in uns eine starke Lebenskraft entstehen lassen, um unsere Probleme zu überwinden, vom kleinsten Ärgernis bis hin zur größten Katastrophe.

Vielleicht bist du mit einer natürlichen Begeisterung dafür geboren, dich deinen Problemen zu stellen. Auf mich traf das eindeutig nicht zu.

Ich lief vor meinen Problemen zwar nicht davon, sah aber auch keinen rechten Sinn darin, mich mit ihnen zu beschäftigen. Egal, welchen Schwierigkeiten ich begegnete, mein Motto lautete einfach: »Ich halte durch.« Irgendwie fand ich die Willenskraft weiterzumachen, aber ich stellte mich dem, was mich zurückhielt, nicht.

Erst als ich vor lebensbedrohlichen Schwierigkeiten stand und meine Aufmerksamkeit nach innen richtete, entdeckte ich die entscheidende buddhistische Vorstellung, *Gift in Medizin zu verwandeln.*

Mit dieser Vorstellung im Sinn stand ich im April 2018 auf der Bühne des historischen Londoner Aldwych Theatre und ließ den Blick über die roten Plüschsessel und die mit vergoldetem Stuck geschmückten Wände schweifen. Es war der englische Premierenabend von »Tina: The Tina Turner Musical«, und ich wollte einen ruhigen Moment im Saal genießen, bevor das Publikum für die Vorstellung Platz nahm. Dabei fiel mir das kleine Mädchen in den Baumwollfeldern ein, das davon geträumt hatte, eines Tages von Schönheit umgeben zu sein, und ich war stolz auf es – auf mich –, weil es unsere Träume nie aufgegeben hatte.

Ich bekomme noch immer eine Gänsehaut, wenn ich an die Anfangsszene des Musicals denke, bei der ich als Kind auf den Feldern dargestellt werde, und an die vielen Gifte, die ich auf meiner Reise aus der Vergangenheit dorthin, wo ich jetzt stand, umwandeln musste. Später am Abend bekam ich wieder eine Gänsehaut, als ich mich beim Schlussapplaus zum Ensemble gesellte und in die jubelnden, lächelnden, tränenüberströmten Gesichter des Publikums hinunterblickte.

Wenn du in meinem Leben etwas findest, was dich inspiriert, wirst du dich hoffentlich daran erinnern, dass du ebenfalls fähig bist, das Gift in deinem Leben in Medizin zu verwandeln.

Werfen wir jetzt einen Blick darauf, was es bedeutet, Gift in Medizin zu verwandeln.

Geprägt hat diesen Ausdruck ein Weiser namens Nagarjuna, ein buddhistischer Gelehrter, der um das Jahr 200 in Indien lebte. In seinen Schriften verglich er die Weisheit des Lotos-Sutras mit »einem großen Arzt, der Gift in Medizin verwandeln kann«.

Tausend Jahre später griff Nichiren diesen Satz auf, als er seinen Schülern beibrachte, wie man mit Problemen umgehen und sie verwenden kann, Weisheit, Mut und Mitgefühl zu vermehren.

Wenn wir auf Probleme stoßen, belastet das oft unsere Gefühle, und unser Lebenszustand sinkt in die niederen Welten ab, was die Lage häufig schlimmer macht. Denn wenn wir uns in den niederen Welten befinden, können selbst unsere größten Bemühungen, Probleme zu lösen, die gegenteilige Wirkung haben, egal, ob uns das bewusst ist oder nicht.

Druck baut sich auf, alte Gewohnheiten kommen zum Vorschein, Gefühle zu ähnlichen Problemen werden geweckt, die negativen Stimmen in unserem Kopf geben uns schlechte Ratschläge, oder unser Ego versucht, die Führung zu übernehmen.

Ist dir schon einmal aufgefallen, dass das Ego Probleme regelrecht liebt? Sie bieten ihm nämlich eine Chance, dir und

Ohne Anstrengung
ist der Lohn nicht so bedeutsam.
Wilma Rudolph

Im Leben gibt es zwei Regeln.
Erstens: Gib nie auf.
Zweitens: Vergiss nie die erste Regel.
Duke Ellington

Was wirklich zählt, ist nicht, ob wir Probleme haben,
sondern wie wir durch sie hindurchgehen.
Rosa Parks

allen anderen klarzumachen, wie recht es hat (oder vielleicht auch, wie sehr es missverstanden wird). Wenn du je zugelassen hast, dass dein Ego sich an der Lösung von Problemen beteiligt, dann weißt du, dass es eine schlechte Situation noch verschlimmern kann.

Dennoch reagierte ich bis Anfang dreißig normalerweise genau so auf all meine Probleme. Sowohl die Schwierigkeiten, die in meinem Leben immer wieder auftauchten, als auch meine Reaktionen darauf waren wie Gifte. Weil ich mich selbst und mein Leben nicht klar sehen konnte, brachte meine verzerrte Wahrnehmung mich dazu, auf Widrigkeiten so zu reagieren, dass meine guten Absichten zunichte wurden. Das führte mich zu immer negativeren Verhaltenszyklen.

Sobald ich aber die SGI-Treffen im Haus meiner Freundin Ana Maria Shorter besuchte, hörte ich von den Leuten dort, wie sie Probleme zum Anlass nahmen, ihr Leben in einen noch glücklicheren Zustand zu bringen als vor dem Auftauchen ebendieser Probleme. Sie sagten, sie hätten »Gift in Medizin verwandelt«, und versicherten mir, auch mir würde das gelingen.

Ich freute mich zwar für diese Leute, konnte mir aber nicht vorstellen, inwiefern meine Probleme wertvoll für mich sein könnten. Obwohl ich unbedingt glauben wollte, dass es möglich war, Probleme in etwas Nützliches zu verwandeln, fiel es mir schwer zu sehen, wie meine Sorgen irgendetwas anderes bewirken könnten, als weitere Schwierigkeiten zu verursachen.

Zu den Mitgliedern unserer Chanting-Gruppe gehörten einige ältere japanische Frauen, die Friedlichkeit, Freude und Mitgefühl ausstrahlten. Sie hatten die Schrecken des Zweiten Weltkriegs durchgestanden, und eine hatte den Atombombenabwurf auf Nagasaki überlebt. Nach der Heirat mit amerikanischen Soldaten waren sie in die USA gezogen.

Nachdem wir eines Tages gemeinsam gechantet hatten, kamen wir auf meine Probleme zu sprechen. Kimiko, eine der Frauen, fragte mich: »Tina, du sagst, dass du zu viele Probleme hast, um sie aufzuzählen. Was für Probleme meinst du eigentlich?«

Normalerweise trage ich mein Herz nicht auf der Zunge, aber etwas an dem hohen Lebenszustand dieser Frauen brachte mich dazu, mich ihnen anzuvertrauen. Dabei beklagte ich mich nicht, sondern berichtete einfach die Fakten über meine Situation.

Ike zu verlassen und mich von ihm scheiden zu lassen war komplizierter, als ich es mir je hätte vorstellen können. Ich war mit einer ganzen Schar von Anwälten konfrontiert, die Klagen gegen mich anstrengten, weil ich Verträge über gemeinsame Konzerte und Plattenaufnahmen mit Ike nicht erfüllen wollte. Außerdem wurde ich von Gangstern schikaniert, die Ike mir auf den Hals geschickt hatte, um mich einzuschüchtern. Zu ihren Taktiken gehörte, ein vor meinem Haus stehendes Auto eines Freundes in Brand zu stecken und Schüsse auf meine Fenster abzugeben.

Damit nicht genug, war ich auch noch verschuldet, ich hatte keine Ersparnisse, kein Einkommen und keine eigene Bleibe (ich war mit meinen Söhnen bei Ana Maria und Wayne Shorter untergekommen). Ich war eine schwarze Frau in den Vierzigern, die einen Neustart als Solo-Rocksängerin in einer Branche versuchte, in der vor allem junge weiße Männer geschätzt wurden. Abgesehen davon brauchte ich ein neues Management, und gesundheitliche Probleme hatte ich auch noch.

Als ich meinen traurigen Monolog beendet hatte, trat ein Lächeln auf das Gesicht meiner Gefährtinnen. Zu meiner Überraschung wirkten sie beeindruckt, wenn nicht gar überschwänglich.

Alle klatschten mit echter Begeisterung.

»Wir gratulieren, Tina!«, riefen sie. »Du hast ja so ein Glück!«

Wie bitte?

Hatten die etwa gerade gesagt, dass sie mir gratulierten?

Einen Moment lang dachte ich, sie hätten nichts von dem verstanden, was ich gerade erzählt hatte. Oder dass ich mich verhört hatte.

Nein, ich hatte richtig gehört – sie gratulierten mir.

»Wieso in aller Welt gratuliert ihr mir denn zu diesem Schlamassel?«, fragte ich.

Und da begann ich, das Prinzip, Gift in Medizin zu verwandeln, erst wirklich zu begreifen.

»Wenn du deinen Lebenszustand anhebst«, sagte Kimiko, »bist du fähig, die ganze negative Energie aus diesen bedauerlichen Situationen in die entgegengesetzte positive Energie des Glücks zu verwandeln. Es kann genauso gut werden, wie es jetzt schlimm ist, oder sogar noch besser.«

»Da du so viele größere Probleme hast«, fuhr Kimiko fort, »hast du auch die Gelegenheit, etwas noch Positiveres zu erschaffen, indem du Gift in Medizin verwandelst. Deshalb gratulieren wir dir.«

Nach den anfänglichen Zweifeln war ich schließlich so erleichtert und begeistert, das zu hören, dass ich statt Bergen von Negativem nun eine wahre Fundgrube des Glücks vor mir sah. Wenn meine Probleme tatsächlich als Ausgangspunkt gesehen werden konnten, dass es mit meinem Leben aufwärts-

Der Charakter kann sich nicht
in Ruhe und Bequemlichkeit entwickeln.
Nur durch die Erfahrung von Widrigkeiten und Leiden
können die Seele gestärkt, Ambitionen angeregt
und Erfolge erzielt werden.
Helen Keller

Schwierigkeiten, Opposition, Kritik –
man muss sie überwinden,
und es schenkt eine gewisse Freude,
ihnen entgegenzutreten und
sich durchzusetzen.
Vijaya Lakshmi Pandit

Nimm dein gebrochenes Herz,
und mach Kunst daraus.
Carrie Fisher

ging, hatte ich beste Chancen, mich als erste amerikanische Frau im Weltall zu bewerben. Jedenfalls fühlte ich mich, als hätte ich inzwischen genügend Treibstoff zur Verfügung, um zu den Sternen zu fliegen.

So schlimm meine Probleme auch sind, so sehr können sie mir nützen, sagte ich mir immer wieder.

Die Methode, Gift in Medizin zu verwandeln, basiert auf der Vorstellung, dass beim Anheben des eigenen Lebenszustands Weisheit, Mut und Mitgefühl entstehen. Diese Eigenschaften kannst du verwenden, alles Negative in etwas Positives umzuwandeln. Wenn du ein kleines Problem hast, kannst du es in einen kleinen Vorteil verwandeln. Und ein größeres Problem hat das Potenzial, zu einem großen Vorteil zu werden.

Die Verwandlung von Gift in Medizin beginnt daher mit dem einfachen Schritt, deinen Problemen mit dem Vertrauen zu begegnen, dass du über die Power verfügst, nicht nur Widerstandskraft, also Resilienz, zu entwickeln, sondern gerade *wegen* ihnen regelrecht aufzublühen. Das heißt, du kannst dadurch in höhere Sphären steigen und mehr erreichen als je zuvor.

Entscheidend dabei ist, dass du deinen Lebenszustand so anhebst, wie es im zweiten Kapitel beschrieben wird. Wenn es dir an Selbstvertrauen mangelt, wenn du die Konzentration verloren hast oder wenn du einen Ansporn brauchst, kannst du deine Intention stärken, indem du chantest, meditierst, Sport treibst oder irgendetwas anderes unternimmst, was gesund ist und dich aufbaut.

Deinen Lebenszustand anzuheben ist notwendig, um bedeutsame, bleibende Veränderungen zu bewirken. Nur wenn wir einen hohen Lebenszustand erreichen, können wir allen Umständen begegnen und ihnen mit einer offenen, bejahenden Einstellung entgegentreten. Dann ist kein Problem zu schwierig, um es zu überwinden, und kein Hindernis zu hartnäckig, um es aus dem Weg zu räumen.

Von dieser erhöhten Warte aus können wir sehen, dass die Hindernisse, die uns den Weg zu versperren scheinen, in Wirklichkeit das enthalten, was wir lernen müssen, um unsere Träume zu verwirklichen.

Mit diesem Verständnis können wir die Weisheit aufbringen, uns für positive Reaktionen und Handlungsweisen (in Gedanken, Worten und Taten) zu entscheiden, die zu konstruktiven Veränderungen führen und uns helfen, schwierige Situationen nicht für uns oder andere noch zu verschlimmern.

Dank dieser Entwicklung erkannte ich, dass alle Probleme in meinem Leben zugleich die Gelegenheit boten, zu wachsen und glücklicher zu werden. Jedes Hindernis konnte mir helfen, eine weisere, stärkere und mitfühlendere Person aus mir zu machen.

Wie der Lotos konnte meine Blume umso schöner erblühen, je tiefer und dicker der Schlamm war, in dem ich steckte. Nicht *trotz* des Schlamms, sondern seinet*wegen*.

Außerdem wurde mir die Wahrheit des alten Spruchs bewusst, dass dann, wenn wir mit dem Finger auf jemand anders zeigen, drei Finger immer auf uns selbst gerichtet sind. Das ermahnt uns, immer darauf zu achten, was wir selbst tun.

In der buddhistischen Gemeinschaft sagen wir: »Es gibt keine Schuld, nur Verantwortung.«

Das bedeutet: Wenn ein Problem auftaucht, sollten wir es nicht als etwas betrachten, was wir wegen unseres negativen Karmas verdient haben. Wir sollten auch nicht darüber nachdenken, wer schuld ist. Die Frage nach der Schuld gehört zum Bereich des Egos.

Stattdessen müssen wir Verantwortung für unser Handeln übernehmen. Wir müssen ruhig und rational mit Problemen umgehen mit dem Ziel, mehr Glück für uns selbst und alle anderen Beteiligten zu erschaffen. Manchmal ist das allerdings leichter gesagt als getan, ob es sich nun um ein größeres oder kleineres Problem handelt oder um eine »Operation Oops«, wie ich die komischeren Pannen nenne, die wir erleben. So etwas ist mir selbst nicht selten passiert, wie an dem Abend, an dem ich kurz vor Abschluss einer Tournee ein bisschen zu viel Spaß mit meiner Band hatte.

Es war der letzte Abend vor unserem letzten Konzert in Neuseeland, und wir veranstalteten eine Party, auf der die Mitglieder der Band (alles Männer bis auf die Tänzerinnen) mich damit überraschten, dass sie sich in Frauenklamotten warfen, um mich zu imitieren (keine Chance!), und zu Aufnahmen von meinen Songs Playback sangen. Jetzt sei ich an der Reihe, mir etwas vorsingen zu lassen, erklärten sie mir, und ich amüsierte mich königlich.

Dabei trank ich drei oder vier Gläser Champagner, was den meisten Leuten nichts ausmachen würde, aber da ich sonst keinen Alkohol trinke, war ich völlig neben der Kappe. Außerdem blieb ich wesentlich länger auf als sonst am Abend vor einem Konzert, und etwas, was ich gegessen hatte, schlug mir offenbar ordentlich auf den Magen.

Am nächsten Tag traf mich dann die volle Wucht einer Lebensmittelvergiftung, gepaart mit Übermüdung und heftigen Katerkopfschmerzen. Ich schaffte es kaum, mich aus meinem Hotelbett zu wälzen, geschweige denn, mir eine gelingende Performance vorzustellen. Schlimmer wurde das Ganze noch dadurch, dass dieses letzte Konzert auf einer Freilichtbühne stattfinden sollte und es pausenlos regnete.

Trotzdem kam es für mich nicht infrage, den Gig abzusagen. In meinem Leben hatte ich schon wesentlich Schlimmeres überstanden als eine Lebensmittelvergiftung und Kopfschmerzen. Meine Fans hatten dafür bezahlt, mich zu sehen, sie hatten Opfer gebracht, um Tickets zu bekommen, sie waren angereist und bereit, ohne Schutz im strömenden Regen zu stehen.

Deshalb machte ich mich daran, das »Gift in Medizin umzuwandeln«. Ich begann zu chanten, um Kraft zu sammeln und um meinem Publikum eine Show bieten zu können, die all seine Erwartungen übertreffen sollte.

Nachdem ich etwa eine Stunde gechantet hatte, spürte ich, wie die Übelkeit und die Schmerzen allmählich aus meinem Körper wichen. Ich war energiegeladen, ruhig und voller Vorfreude. Ich konnte es kaum erwarten, zum Soundcheck auf die Bühne zu gehen und später den Auftritt meines Lebens hinzulegen.

Als ich am Veranstaltungsort eintraf, goss es wie aus Eimern, die Bühne war rutschig, und ein starker Wind wehte. Timmy Cappello, mein Saxophonist, trug seine robusten Doc Martens, mit denen er vorsichtig über die Bühne schritt. Ich hingegen hatte meine High Heels von Louboutin an, in denen ich nicht einfach nur gehen sollte. Ich musste tanzen!

Als es Zeit für die Show war, sang und tanzte ich mir die Seele aus dem Leib. Ich verließ sogar den Schutz des über die Bühne gespannten Zeltdachs, um genauso klatschnass zu werden wie meine Fans. Anders gesagt, ich hatte einen Mordsspaß. Mein Chanten und der feste Glaube daran, dass ich mein Problem in etwas verwandeln konnte, was besser als erwartet war, hatten wieder einmal Medizin aus Gift gemacht.

Gib nie den Versuch auf, das zu tun,
was du wirklich tun willst.
Hast du Träume, Liebe und Inspiration,
kannst du nichts falsch machen.
Ella Fitzgerald

Jetzt begreifst du,
warum mein Kopf nicht gebeugt ist …
Wenn du mich vorübergehen siehst,
sollte dich das stolz machen …
Weil ich eine Frau bin
als Phänomen an sich,
eine phänomenale Frau, das bin ich.
Maya Angelou

Wie ich schon sagte, mag das Ego Probleme. Als ich damals in Neuseeland im Bett lag und mich wirklich krank fühlte, meldete es sich und flüsterte mir zu, ich könne den Auftritt vergessen. Dabei zählte es sämtliche Probleme auf, mit denen ich konfrontiert wäre. Ich aber hütete mich davor, ihm zuzuhören, und hatte alles bald ins Gegenteil verkehrt.

Das Ego genießt Probleme nicht deshalb, weil es sie in etwas Positives verwandeln will, sondern weil es sie verwendet, um uns unter der Fuchtel zu halten. Es hüllt sich ein in Schwierigkeiten, um das Drama fortzusetzen, es sich leicht zu machen, Verantwortung zu vermeiden und seine Überlegenheit über andere zu bekräftigen.

Manchmal möchte unser Ego uns glauben machen, wir seien schon perfekt so, wie wir sind, und bräuchten niemand anderen, der uns etwas beibrächte.

Und selbst wenn wir das Ego in Schach halten, ist es schwierig, wirklich einzuschätzen, wo wir stehen und wo wir hinwollen, wenn wir niemanden haben, der uns im Leben leitet. Ohne ein Beispiel, das uns ermutigt und uns den Weg zeigt, kann es schwer sein zu erkennen, wie wir positive Veränderungen zustande bringen können.

In der buddhistischen Tradition heißt es, ein entscheidendes Mittel, uns von den Fesseln des Egos zu befreien, sei eine Person, die uns als Mentorin oder Mentor helfen könne, unseren Lebenszustand auf eine höhere Ebene zu bringen. Diese Unterstützung bricht das geringere Selbst des Egos auf und öffnet das höhere Selbst der Buddha-Natur.

Wer ein Handwerk erlernt hat und wer Künstler oder Sportler ist, kennt wahrscheinlich die zwischen Mentor und Schüler entstehende Dynamik. Heute hat es jedoch den Anschein, dass die bewährte Verbundenheit dieser Beziehung nicht mehr denselben Stellenwert hat. Stattdessen herrscht die Vorstellung, man könne irgendwie alles, was man wissen müsse, allein lernen.

Wenn du nicht recht weißt, welchen Wert eine solche Mentorschaft hat, überleg doch einmal, wie viele individuelle Profis oder Mannschaften im Sport ohne Trainerin oder Trainer auskommen. Keine. Wie viele von deinen Lieblingsfilmen wurden ohne Produzenten oder Regisseur gedreht? Keiner. Wie viele der besten Schulen auf der Welt funktionieren ohne Lehrkräfte? Keine.

Man kann ohne Zweifel sagen, dass alle großen Führungspersonen in jedem beliebigen Bereich zuvor eine große Mentorin oder einen großen Mentor hatten.

Eine solche Person zu finden, die uns inspiriert und unsere Entwicklung leitet, verändert unser Leben. Es hilft uns dabei, die Grenzen oder die wahrgenommenen Grenzen unserer Fähigkeiten zu überschreiten. Eine solche Rolle können alle spielen, die uns etwas beibringen und unser Wachstum so fördern, wie wir es sonst nicht geschafft hätten. Außerdem können wir uns mit ihrer Hilfe so sehen, wie es uns allein nicht möglich wäre. Finden können wir sie zu jedem beliebigen Zeitpunkt im Leben, unabhängig davon, wie alt wir sind. Wenn uns das jedoch nicht gelingt, können wir die Weisheit solcher Menschen durch das in uns aufnehmen, was sie geschrieben haben.

Im Rückblick betrachtet, hatte ich das Glück, einen ganzen Strauß solcher Menschen in meinem Leben zu haben. Meine erste Mentorin war meine Cousine Margaret, die mich aufgeklärt und mir beigebracht hat, wie ich mich um mich selbst kümmern musste. In meiner Jugend hatte ich auf der High-

Egal, was du zustande gebracht hast,
jemand hat dir dabei geholfen.
Althea Gibson

Ein Mentor ist jemand,
der dich den höheren Teil von dir selbst sehen lässt,
wenn der dir manchmal aus dem Blick gerät.
Oprah Winfrey

Zeig mir jemanden, der Erfolg hat,
dann zeig ich dir jemanden,
der einen positiven Einfluss auf ihn hatte.
Einen Mentor.
Denzel Washington

school einige großartige Lehrerinnen und Lehrer, und dazu kamen die Hendersons, die Familie, für dich ich arbeitete. Sie haben mir voll Mitgefühl gute Umgangsformen vermittelt. Außerdem habe ich bei ihnen gelernt, wie eine gesunde Beziehung aussehen sollte, und sie lebten mir ein Beispiel dafür vor, dass es höhere Lebenszustände gab, nach denen ich streben konnte.

Wie gesagt war meine erste Ehe eine Katastrophe, aber am Anfang hatte sie durchaus manche positive Aspekte. Als ich Ike kennenlernte, war ich noch keine zwanzig und hatte keinerlei Ahnung vom Musikgeschäft. Zuerst, als wir nur befreundet waren, war Ike mein musikalischer Mentor, von dem ich lernte, wie es in der Unterhaltungsbranche so lief, wie man Musikaufnahmen machte und welche Darbietungstechniken es gab. Diese Phase dauerte allerdings nicht lange und endete mit unserer Heirat.

Später hatte ich das Glück, auf meinen spirituellen Mentor Daisaku Ikeda zu treffen. Als führender Vertreter der buddhistischen Philosophie im Sinne Nichirens hat er mir weise Ratschläge erteilt, die mein Leben nachhaltig verändern sollten.

Dankbar bin ich auch für meinen Manager Roger Davies, den größten Mentor, was meine Karriere angeht. Er verhalf mir zu einem Nummer-eins-Hit und zu dem weltweiten Erfolg, von dem ich immer geträumt hatte.

Und schließlich habe ich Erwin Bach kennengelernt, meinen Mentor in wahrer Liebe, meinen unerschütterlichen Lebenspartner, meinen Seelenfreund und Ehemann. Mit Erwin zusammen zu sein hat mich gelehrt zu lieben, ohne aufzugeben, wer ich bin, da wir einander die Freiheit und den Raum lassen, zugleich Individuen zu sein und ein Paar. Erwin, der selbst eine kraftvolle Natur hat, war von meiner Karriere, meinen Talenten und meinem Ruhm nie auch nur ein kleines bisschen eingeschüchtert. Er zeigt mir, dass wahre Liebe nicht erfordert, mein eigenes Licht zu verdunkeln, damit er leuchten kann. Vielmehr sind wir uns gegenseitig das Licht unseres Lebens und wollen gemeinsam so hell leuchten, wie es irgend möglich ist.

Von Jugend an war ich mit dem Instinkt gesegnet, mir Menschen zu suchen, die mehr wussten als ich, und von ihnen etwas zu lernen, was mich vorangebracht hat. Das ist das Wesentliche an der Beziehung zu einer Mentorin oder einem Mentor.

Vielleicht haben wir alle den Instinkt, nach einer solchen Person zu suchen, nur dass dieses Bedürfnis durch die moderne Gesellschaft mit ihren zunehmend antisozialen sozialen Medien und einen an Isolation grenzenden Individualismus unterdrückt wird. Hoffentlich wird dieser Trend sich umkehren, damit man wieder erkennt, wie wertvoll es ist, etwas von Menschen zu lernen, die mehr wissen als man selbst.

Im Jahr 2014 wurde mein Freund Herbie Hancock eingeladen, an der Harvard University die renommierten Norton Lectures zu halten. Dabei vermittelte er interessante Einsichten über Mentorschaft und darüber, wie man Gift in Medizin verwandelte. Unter anderem berichtete er, Miles Davis, sein Mentor im Jazz, habe ihm beigebracht, dass ein guter Mentor den Weg dazu weisen könne, »die eigenen wahren Antworten zu finden«, und dass man die Hand immer zugleich nach oben und nach unten ausstrecken solle; man solle wachsen, während man anderen helfe.

Die Jazzmusik ist selbst ein Beispiel dafür, Gift in Medizin zu verwandeln.

Afroamerikaner haben den Jazz, eine phantastische Medizin für unsere Herzen, aus der giftigen Erfahrung der Sklaverei heraus geschaffen. Seine Wurzeln liegen in der afrikanischen Kultur, der Gospelmusik und dem Blues. Entstanden, um unterdrückten Menschen Mut und Trost zu spenden, bereitet er längst Menschen auf der ganzen Welt Freude.

In meinem Herzen hat Jazz ebenfalls einen besonderen Stellenwert.

Als ich Ike im Jahr 1976 verließ, war ich völlig mittellos. Ich wollte auftreten, aber es war schwierig, einen neuen Anfang als Solo-Act zu machen. Wenn man den Namen »Tina« hörte, fragte man: »Und wo ist Ike?« Mir fehlten die einfachsten Ressourcen, die ich brauchte, um mein neues Leben in Gang zu bringen. In dieser extrem schweren Zeit trugen zwei Jazzmusiker und ihre Familien dazu bei, mich und meine Söhne über Wasser zu halten. Wie schon erwähnt, chanteten Wayne Shorter und seine Familie mit uns, und sie nahmen uns auf, als wir keine andere Bleibe hatten. Herbie Hancock und seine Frau Gigi traf ich ebenfalls beim Chanten.

Sie alle spornten mich dazu an, nicht aufzugeben und noch größere Träume zu träumen.

Jahre später hatten Wayne, Herbie und ich 1982 die Ehre, in Washington bei einem buddhistischen Friedensfestival aufzutreten. Dabei gelobten wir, als musikalische Bodhisattvas zu wirken und etwas Wertvolles zur Gesellschaft beizutragen, indem wir durch unsere künstlerische Karriere Hoffnung und Frieden verbreiteten. Ein Vierteljahrhundert später arbeiteten wir wieder zusammen, diesmal auf Herbies Jazzalbum »River: The Joni Letters«, das den Grammy Award für das Album des Jahres erhielt.

Ich bin glücklich darüber, dass ich mehr Grammys gewonnen habe, als ich halten kann; aber das war das einzige Mal, dass ich den Preis für das Album des Jahres bekam, und besonders schön war es, ihn mit alten Freunden zu teilen. Für mich war es die Folge davon, dass wir alle durch unser musikalisches Bodhisattva-Gelübde jahrelang immer wieder Gift in Medizin verwandelt hatten. Was für eine Freude, dass sich der Kreis mit meinen Jazz-Freunden auf diese Weise schloss!

»Was willst du im Leben, Tina?«, fragte Wayne Shorter mich eines Tages.

Es war die Woche nach dem amerikanischen Unabhängigkeitstag im Juli. Wayne war gerade von einer Tournee zurückgekehrt und hatte mich dabei überrascht, wie ich den Küchenboden schrubbte. Er und Ana hatten in den fünf Monaten, in denen ich bei ihnen wohnte, zwar versucht, mich von der Hausarbeit abzubringen, aber etwas für die Familie zu tun, war für mich wieder eine Möglichkeit, Gift in Medizin zu verwandeln. Ich arbeitete gern im Haushalt, und meine Freunde brauchten Hilfe, ob ihnen das nun bewusst war oder nicht.

Überhaupt putze und räume ich gern auf, und während ich bei Wayne und Ana wohnte, um wieder auf die Beine zu kommen, machte es mir Spaß, ihr Haus zum Glänzen zu bringen. Ich kam mir nützlich vor, und dadurch hob sich mein Lebenszustand.

»Wenn du etwas bekommen könntest, was dein Herz sich wirklich wünscht, was würdest du dann wollen?«, fragte Wayne mich damals in der Küche weiter. »Für dich selbst, für die Menschen, die du liebst, für deine Umgebung und für die Welt?«

Der beste Weg, die Buddhaschaft zu erlangen,
ist es, einem guten Freund zu begegnen.
Wie weit kann unsere eigene Weisheit uns bringen?
Auch wenn wir nur genügend Weisheit besitzen,
um heiß von kalt unterscheiden zu können,
sollten wir uns einen guten Freund suchen.
Nichiren

Gute Freunde zu haben und mit ihnen weiterzugehen
ist nicht der halbe, sondern der ganze Buddhaweg.
Shakyamuni

Nicht fortzuschreiten bedeutet zurückzuweichen.
Tsunesaburo Makiguchi

Ich wusste nicht, wie ich diese Frage beantworten sollte. Zum ersten Mal war ich auf mich allein gestellt und hatte die Zukunft, die ich wollte, noch nicht genau im Blick.

Egal, in welchen Umständen du lebst, ist es eine wertvolle Übung, dir solche Fragen zu stellen. Wie würde deine Variante von idealem Glück aussehen? Wonach sehnt sich dein Herz?

In meinen Zwanzigern und frühen Dreißigern wusste ich nicht, was ich wollte, und hatte nicht richtig darüber nachgedacht, wohin ich unterwegs war. Ich ging einfach so dahin.

Vielleicht kommt es dir allzu offensichtlich vor, aber wenn du nicht weißt, was du willst, wie könntest du es dann bekommen? Wenn du keine Ahnung hast, was du unter Erfüllung verstehst, wird es schwierig sein, welche zu finden. Das ist so, wie auf eine Reise zu gehen, ohne ein Ziel zu haben. Wenn du kein klares Ziel hast, wirst du wahrscheinlich nur umherschweifen. Das kann zwar eine kleine Weile ganz amüsant sein, wirkt irgendwann jedoch frustrierend und ziellos. Und ein zielloser Weg ist keine geeignete Basis für ein freudvolles Leben.

Da ich Wayne damals keine Antwort geben konnte, schlug er mir vor, ein Leitbild für mein Leben zu erschaffen, damit ich eine klare Richtung hatte. Mit einem solchen Bild würde ich erkennen können, wie das, wovon ich träumte, meinem Lebenszweck diente.

Ich horchte immer tiefer in mich hinein, ließ los, was mich zurückhielt, und sah mich dadurch allmählich klarer. Und dann erkannte ich, was sich für mich verändern musste, damit ich glücklich und erfolgreich wurde. Wenn ich mich klar sah, wusste ich, dass ich alles ändern konnte.

Das ist der Kern von Nam-Myoho-Renge-Kyo. Sobald ich das begriffen hatte, intensivierte ich meine Praxis und fing an, täglich mehrere Stunden zu chanten.

Endlich war ich auf dem Weg, mein wahres Selbst zu entdecken. Indem ich meinen Lebenszustand anhob, gewann ich genügend Klarheit und Kraft, den besten Weg vorwärts zu finden und jedes Gift, auf das ich stieß, in Medizin zu verwandeln.

Wenn du noch kein Leitbild für dein Leben geschaffen hast, möchte ich dich ermuntern, genau das zu tun und dabei aufrichtig dir selbst gegenüber zu sein. Was sind deine Werte, und was willst du wirklich? Es ist in Ordnung, wenn die Kluft zwischen der Realität und deinen Träumen groß ist. Ich glaube sogar, das sollte so sein. Wie Einstein gesagt hat, sollten wir Ziele verfolgen, die wir nur durch größte Anstrengungen erreichen können.

Wenn das Leben gerade schwierig ist, wird dich der Gedanke an dein Leitbild an deine Ziele und dein Versprechen dir gegenüber erinnern. Dadurch wird es dazu beitragen, deinen Lebenszustand zu heben.

Wenn unser Lebenszustand aber hoch genug ist, dann ist alles möglich – selbst das Unmögliche. Es kommt nur darauf an vorwärtszugehen, selbst mit ganz winzigen Schritten, aber mit dem festen Glauben daran, dass du definitiv dahin gelangen wirst, wo du hinwillst.

Verbanne allen Zweifel aus deinem Denken. Und behalte im Blick, dass das »Wie« nicht so wichtig ist wie das »Was«.

Nachdem ich mich dem Buddhismus zugewandt hatte, habe ich nie daran gezweifelt, dass ich dort hinkommen würde, wohin ich wollte. Allerdings hatte ich häufig keinerlei Ahnung, wie genau das geschehen sollte. Ich überließ das

»Wie« dem Universum und dem mystischen Wirken meiner Gedanken und meiner Seele.

Die ganze Zeit über nahm ich mir die ermutigenden Worte von Daisaku Ikeda zu Herzen: »Eines ist sicher – die Kraft des Glaubens, die Kraft der Gedanken bewegt die Wirklichkeit in Richtung dessen, was wir glauben und ersinnen. Wenn ihr wirklich glaubt, dass ihr etwas tun könnt, so könnt ihr es. Das ist eine Tatsache. Wenn ihr euch klar den Sieg vorstellt, ihn in euer Herz einprägt und fest davon überzeugt seid, dass ihr ihn erreichen werdet, dann macht euer Gehirn jede nur mögliche Anstrengung, das mentale Bild zu verwirklichen, das ihr erschaffen habt. Und dann wird dieser Sieg durch eure beharrlichen Anstrengungen schließlich zur Wirklichkeit.«

Während ich daran arbeitete, mein Denken auf diese Weise zu lenken, sah ich alle Hindernisse als Chance zu wachsen. Dadurch verwandelte ich kontinuierlich Gift in Medizin, ohne darüber zu klagen. Und da erlebte ich eine tiefgreifende Veränderung.

Wunder geschehen nicht über Nacht, aber mit Geduld und Beharrlichkeit baute sich in mir eine wunderbare Verwandlung auf. Allmählich verbesserte sich auch meine äußere Umgebung wie ein Spiegel dieser inneren Vorgänge.

Die kalte Dunkelheit des Winters, die so viele Jahre meine innere Welt verhüllt hatte, wich endlich einem warmen, hellen Frühling.

Damit begann meine wahre Evolution – meine Revolution.

6
Eine Revolution des Herzens

Durch das Fenster strömte Sonnenlicht, während ich meinen Morgentee trank. Die kleinen Kristallfiguren auf dem Tisch fingen das Licht auf und warfen eine Kaskade aus Farben über die Wände. Diese Strahlen aus goldenem Licht waren acht Minuten zuvor von der Sonne ausgesendet worden und etwa hundertfünfzig Millionen Kilometer gereist, bis sie den Raum erreicht hatten, in dem ich saß.

In wenigen Momenten würde dieses herrliche Schauspiel enden. Aber ich war – und bin – dankbar dafür, dass die große Lichtschau unseres geliebten Sterns weitere Milliarden Jahre weitergehen wird. Es ist eines von vielen ganz normalen Wundern, die wir auf diesem Paradies, das wir »Erde« nennen, erleben dürfen.

Viele Jahre lang – beinahe zwei Jahrzehnte – war ich blind für die Schönheit solch »einfacher« Naturwunder. Die waren natürlich rings um mich vorhanden; schließlich befand ich mich noch auf diesem Planeten. Aber in gewisser Weise hatte ich das Gefühl, ich hätte diese Welt verlassen, da mich schädliche Einflüsse eingehüllt hatten wie dichter Nebel. Ich konnte die Schönheit, die mich umgab, nicht mehr erkennen.

Die Symptome meines negativen Karmas hatten meinen

Lebenszustand so sehr nach unten gezogen, dass ich schon das Dasein an sich als anstrengend empfand. Ich hatte die Freude daran verloren, am Leben zu sein.

Das Leben in all seinen prächtigen und zugleich subtilen Erscheinungsformen ist ein unschätzbares Geschenk. Schlichtes, ungeschmücktes Leben hat von Mutter Erde Hoffnung im Überfluss erhalten, das Erbe von uns allen. Dabei muss ich oft an die Worte Nichirens denken: »Das Leben an sich ist der wertvollste aller Schätze. Selbst ein einziger zusätzlicher Lebenstag ist mehr wert als zehn Millionen Goldmünzen.«

Dennoch vergessen wir nur zu leicht, die Schönheit unseres Lebens zu schätzen, wenn wir uns in der hektischen Routine von Arbeit, Schule und Beziehungen verheddern. Noch schwerer wird es, wenn wir mit Verantwortlichkeiten, Termindruck, finanziellen Schwierigkeiten und Leuten zu tun haben, denen es schwerfällt, ihre eigenen Probleme zu lösen.

Zeitweise ziehen sich viele von uns in ihr Schneckenhaus zurück, weil sie hoffen, sie könnten sich dadurch vor den Unannehmlichkeiten des Alltags schützen – oder vor der noch größeren Herausforderung durch die vier universellen Formen von Leiden: Geburt, Krankheit, Altern und Tod. Aber selbst wenn wir uns nicht in unserem Schneckenhaus verbergen, gibt es einen anderen vertrauten Ort, an den wir uns gern zurückziehen – unsere Komfortzone.

In beiden Fällen fordern wir uns nicht selbst dazu heraus, innerlich zu wachsen.

In der buddhistischen Gemeinschaft sagen wir: Wenn du nicht vorwärtsgehst, dann gehst du eigentlich rückwärts, denn im Universum ist alles immer im Fluss. Das bedeutet, wenn wir nicht in irgendeinem Bereich unseres Lebens Fortschritte machen, sollten wir aufpassen, denn dann machen wir womöglich Rückschritte, ohne es wahrzunehmen.

So war es jedenfalls bei mir, bevor ich mit dem Chanten begann. Ich verwechselte materielles Glück – meine Berühmtheit, ein hübsches Haus, Designerklamotten, teure Autos – damit, im Leben vorwärtszukommen. Schließlich wurde mir klar, dass ich mich trotz dieser äußerlichen Erfolgsmerkmale in Wirklichkeit rückwärts bewegte, und zwar in dem einzigen Bereich, auf den es wirklich ankam – meinem inneren Lebenszustand. Das drückte sich auf verschiedene Weise aus. Ich verlor das Interesse daran, mich zu verbessern. Konzertauftritte, die ich vorher geliebt hatte, wurden zu einer lästigen Pflicht. Mir gefiel nicht, wie ich aussah, ich mochte meine Stimme nicht und Interviews ebenso wenig. Eigentlich mochte ich praktisch gar nichts. In Wahrheit mochte ich mich selbst nicht.

Das änderte sich erst, als ich die machtvoll befreiende Weisheit der *menschlichen Revolution* entdeckte. In den vergangenen siebenundvierzig Jahren habe ich diesen Prozess der inneren Transformation dazu verwendet, das freudvolle Potenzial meines Lebens zu erschließen.

Im Lauf der Geschichte haben allzu viele Revolutionen zahlreichen Menschen das Leben gekostet und der Gesellschaft viel Elend gebracht. Die menschliche Revolution ist etwas ganz anderes.

Indem ich jeden Tag von Neuem Kraft schöpfte, verbesserte sich mein Lebenszustand, und ich bewegte mich innerlich vorwärts, auch wenn das nur Schritt für Schritt geschah. Ich erreichte ein neues Maß an Kreativität, und mir wurde bewusst, wie wertvoll mein eigenes Leben und das Leben von allen Menschen um mich herum war. Das war die beste Art Revolution, die ich mir vorstellen kann.

Die menschliche Revolution ist stabil und innerlich. Sie ist eine Revolution des Herzens.

Sie ist der Prozess des persönlichen Wachstums durch Herausforderungen – das, was geschieht, wenn wir uns dazu herausfordern, das Spektrum unserer Fähigkeiten zu erweitern.

Diese humanste Form aller Revolutionen hat mir geholfen, die harte äußere Schale meines egoistischen »geringeren Selbst« zu zerbrechen und das »größere Selbst« zu enthüllen, das in uns allen existiert. Dieses größere Selbst ist der unzerstörbare, ewige Teil in jedem von uns, der zu einem grenzenlosen Maß an Weisheit, Mut und Mitgefühl fähig ist.

In der baptistischen Tradition meiner Familie wird eine solche Revolution des Herzen als »Wiedergeburt« bezeichnet. Ich habe gehört, wie bedeutende christliche Prediger die Geschichte von den vierzig Tagen und vierzig Nächten erzählten, die Jesus in der Wüste verbracht hat. Das habe seine menschliche Revolution bewirkt, sagten sie, denn er sei verwandelt zurückgekehrt.

Glücklicherweise müssen wir keine vierzig Tage und Nächte in die Wüste entschwinden, um solche Veränderungen zu erleben. Ich habe immer wieder festgestellt, dass die menschliche Revolution nichts derart Außergewöhnliches sein muss und auch nichts, was des Alltags völlig enthoben wäre.

Dazu ein Beispiel. Nehmen wir an, in der Highschool sitzt eine Schülerin, die nie die besten Noten bekommt, aber beschließt, sich selbst zu fordern, indem sie Fächer belegt, die sie als schwierig empfindet, wie etwa Französisch.

Nun, diese Schülerin war ich. Ich wusste zwar, dass ich nicht gerade eine Leuchte im Erlernen von Fremdsprachen

Der heiligste Ort
ist keine Kirche, keine Moschee, kein Tempel,
es ist der Tempel des Körpers.
Das ist der Ort, an dem der Geist lebt.
Susan Taylor

Das Reich Gottes ist mitten unter euch.
Lukas 17:21

Wertvoller als die Schätze in einem Schatzhaus
sind die Schätze des Körpers,
und am wertvollsten sind die Schätze des Herzens.
Nichiren

sein würde, und das Fach war auch nicht obligatorisch, aber ich wollte meine Grenzen auf die Probe stellen.

Oder nehmen wir an, eine junge Frau ist am liebsten allein. Sie fühlt sich in Gruppen nicht wohl, fordert sich jedoch heraus, indem sie beim Mannschaftssport und verschiedenen Gruppen mitmacht und sich dazu meldet, Schülerveranstaltungen zu organisieren.

Auch diese junge Frau war ich.

Als ich jung war, blieb ich am allerliebsten für mich allein. Ich konnte mich problemlos den ganzen Tag beschäftigen. Als ich aber in die Highschool kommen sollte, spürte ich, dass es nicht gut für mich wäre, mich aus allem herauszuhalten, weshalb ich mir einen Schubs gab, meine Komfortzone zu verlassen. Ich schloss mich der Leichtathletikmannschaft und dem Basketballteam an und wurde sogar Cheerleaderin. Wenn ich mit meinem Team Basketball gespielt hatte, zog ich mich schnell um, um dasselbe Team als Cheerleaderin zu unterstützen! Außerdem organisierte ich Tanzveranstaltungen und andere schulische Aktivitäten.

Das sind einige von meinen ersten Erfahrungen mit der menschlichen Revolution und damit, mich freiwillig einem inneren Wachstum zuzuwenden.

Die eigene Komfortzone zu verlassen ist eine lebenslange Praxis, aber erfreulicherweise ist es auch eine narrensichere Methode, dem eigenen Leben neue, Erfüllung bietende Dimensionen hinzuzufügen. Wenn wir Herz und Denken für neue Möglichkeiten öffnen, geschehen wunderbare Dinge.

Zum Beispiel haben Leute, die mein Bühnen-Ich sahen, oft angenommen, es wäre mir recht, ein sogenanntes Sexsymbol zu sein. Das war absolut nicht der Fall. So bezeichnet zu werden war völlig außerhalb meiner Komfortzone. Ich musste bewusst daran arbeiten, mich an dieses Image zu gewöhnen.

Ich wollte diese Perspektive auf mich nicht ablehnen, da sie den Leuten zu gefallen schien, weshalb ich beschloss, sie mir zu eigen zu machen. Das tat ich, indem ich mich hauptsächlich meinen weiblichen Fans zuwandte, nicht den Männern im Publikum, und zwar aus zwei Gründen. Ich wollte nicht, dass sich die Frauen bei meinen Konzerten unwohl fühlten, weil sie dachten, ich würde ihre Männer anmachen. Und ich wollte die Frauen ermutigen, ihre eigene »phänomenale Frau« zum Ausdruck zu bringen, wie Maya Angelou es in dem weiter oben zitierten Gedicht ausdrückt.

Tatsächlich kannst du dich mit allem, was du bei der Arbeit oder im Leben tust, der Herausforderung stellen, einen höheren Zweck zu finden. Dann kannst du es dir zu eigen machen, vollständig akzeptieren und dein Bestes darin tun. Auch das ist eine menschliche Revolution.

Ob du es glaubst oder nicht, es war sogar eine Übung in innerem Wachstum, die Lieder für meine Alben auszuwählen. Es gab Titel, die mir ursprünglich nicht gefielen und die ich nicht singen wollte, die dann jedoch große Hits für mich wurden. Ich musste mich also gedanklich öffnen, teils, weil ich der Intuition meines Managers Roger vertraute, aber auch, weil ich beschlossen hatte, meine Komfortzone zu verlassen und Dingen, die mir nicht vertraut waren, eine Chance zu geben.

Als ich das tat, hörte ich in Liedern, die ich voreilig abgelehnt hatte, eine tiefere Bedeutung und größeres Potenzial. Während ich mich für etwas öffnete, was mir anfänglich unangenehm war, eignete ich mir die Lieder an, fügte Nuancen hinzu, die meinem Publikum eine andere Bedeutung und

Aussage vermittelten, und erweiterte damit zugleich das Potenzial dieser Titel und mein eigenes.

Bevor ich mich für ein Lied entscheide, muss ich mir bildlich vorstellen, wie ich es auf der Bühne vortragen könnte. Das visualisiere ich vom Anfang bis zum Ende, ehe ich auch nur ein einziges Wort aufnehme. Falls daraus ein Hit werden sollte, muss ich es schließlich immer wieder singen, und daher will ich dafür sorgen, dass es auf Jahre hinaus Bedeutung für mich und mein Publikum hat.

Indem ich diesen Prozess durchlief und meine Grenzen erweiterte, gelang es mir, einige meiner erfolgreichsten Lieder und Bühnenshows zu erschaffen. Und ich bin dankbar dafür, dass ich das getan habe.

Könnt ihr euch meine Karriere vorstellen ohne »What's Love Got to Do With It«? Das war mein größter Hit und das bei Weitem beliebteste Lied bei meinen Fans. Es hat sie und mich verändert.

Aber es war einer von den Songs, die mir nicht gefielen, als ich sie zum ersten Mal hörte! Wenn ich nicht bereit gewesen wäre, meine Komfortzone zu verlassen, mich ein bisschen mehr zu öffnen und den zusätzlichen Aufwand zu betreiben, der nötig war, um es mir zu eigen zu machen – wer weiß, ob ich je einen solchen Durchbruch erzielt hätte.

Ein Beispiel aus neuerer Zeit: Als man mit der Idee eines Musicals über mein Leben auf mich zukam, hatte ich kein Interesse daran. Es gab viele Gründe für mich, Nein zu sagen. Ich hatte gerade erst meine Karriere beendet und wollte auf keinen Fall wieder arbeiten. Außerdem war mir die Vorstellung, dass Bühnenschauspieler meine Geschichte darstellten, nicht ganz geheuer. Offen gestanden, konnte ich mir nicht einmal vorstellen, wieso die Leute so etwas sehen wollten.

Trotzdem beschloss ich, wieder einmal meine Komfortzone zu verlassen und mitzuwirken.

Ich bin froh, dass ich das getan habe. Die Arbeit an »Tina: The Tina Turner Musical« erwies sich als lohnend und klärend. Ich konnte das, was ich geleistet habe, dadurch besser wertschätzen und völligen Frieden mit meiner Vergangenheit schließen. Und das Publikum auf beiden Seiten des Atlantiks hat positiv reagiert.

Selbst dieses Buch, das du jetzt in den Händen hältst, ist eine Übung in menschlicher Revolution.

Schon seit Jahrzehnten habe ich davon geträumt, eine solche spirituelle Entdeckungsreise zusammenzustellen, aber da ich nicht sicher war, ob ich gut über so etwas schreiben konnte, hielt ich mich lange zurück. Offen gestanden, meldete sich die Stimme jenes Mädchens, das sich in der Schule manchmal schwertat, in meinem Kopf und bezweifelte, dass ich dazu fähig wäre. Daher bin ich dankbar für die Unterstützung meiner zuverlässigen Co-Autoren, die mir geholfen haben, meine Selbstzweifel zu durchbrechen und meine Gedanken zu ordnen und auszudrücken.

Auch als ich mich in meinen Mann Erwin verliebte, musste ich meine Komfortzone verlassen und mich für eines der unerwarteten Geschenke öffnen, die das Leben zu bieten hat. Als ich Erwin auf einem deutschen Flughafen kennenlernte, hätte ich eigentlich zu müde von meinem Flug, zu beschäftigt mit Gedanken an meine Tournee und zu sehr in Eile sein müssen, in mein Hotel zu kommen, um dem jungen Musikmanager von meiner Plattenfirma, der mich begrüßen sollte, viel Aufmerksamkeit zu schenken. Aber er fiel mir auf, und ich spürte sofort eine emotionale Verbindung.

Trotzdem hätte ich ignorieren können, was ich empfand.

Ich hätte auf die negativen Stimmen in meinem Kopf hören können, die mir sagten, ich würde heute nicht gut aussehen und ich solle nur nicht an ein romantisches Erlebnis denken, weil so etwas nie gut ausgehe. Stattdessen hörte ich auf mein Herz. Ich verließ meine Komfortzone und nahm mir vor, Erwin besser kennenzulernen. So führte diese schlichte erste Begegnung zu einer langen, wunderschönen Beziehung – und meiner einzigen wahren Ehe.

Wie du an meinem Leben sehen kannst, besteht die menschliche Revolution eigentlich einfach darin, bewusst den Blick über dein alltägliches Dasein hinaus zu richten und danach zu streben, etwas zu erreichen, was umfassender und bedeutungsvoller ist. Es ist das, was geschieht, wenn du über deine Komfortzone hinauswächst.

Stell dir doch einmal diese einfache Frage: *Werde ich einen Schritt vorwärts tun, oder werde ich da bleiben, wo ich gerade bin?*

Die Antwort, die du in jedem neuen Moment auf diese Frage gibst, bestimmt deinen Lebensweg.

Es mag der Intuition zuwiderlaufen, aber wie wir im letzten Kapitel gesehen haben, ergeben sich die wertvollsten Möglichkeiten zur menschlichen Revolution genau dann, wenn wir vor den schlimmsten Problemen stehen und scheinbar keinerlei Chance haben. Gerade dann können wir unsere Einschränkungen durchbrechen und Gift in Medizin verwandeln.

Als ich meine schwersten Zeiten durchmachte, wäre es möglicherweise leichter gewesen, vermeintlichen Lösungen wie Rauchen, Alkohol oder Drogen zu erliegen. Stattdessen entschied ich mich, den Blick nach innen zu richten, um die Quelle meines größeren Selbst zu erschließen.

Statt mir irgendwelche Trostmittel zu verschreiben, motivierte ich mich selbst. Ich handelte, suchte Hilfe bei meiner spirituellen Seite und beschäftigte mich praktisch und theoretisch mit dem Buddhismus. Das hat mich stark gemacht. Außerdem sorgte ich dafür, meinen Körper gesünder zu machen, indem ich die beste Ernährung – eine pflanzliche Diät – und ganzheitliche Heilmittel ausfindig machte. Ich entschloss mich, zu einer besseren Person zu werden, auch wenn das der schwerere Weg zu sein schien.

Das ist menschliche Revolution.

Es geht mir nicht darum, mich als Superheldin darzustellen. Schließlich gab es Zeiten, in denen meine Entschlossenheit auf die Probe gestellt wurde, und dann musste ich mich wieder aufraffen.

Während ich dies nun in meinen Achtzigern schreibe, kann ich dir mit absoluter Gewissheit sagen, dass ein Leben so schnell vorbeirauschen kann wie ein paar Umdrehungen eines Kaleidoskops. Wenn wir keine bewusste Anstrengung unternehmen, unsere persönliche Revolution zu erreichen, verbringen allzu viele von uns ihre wertvollen Tage damit, geschäftig umherzurennen, ohne irgendwo hinzukommen.

Dann bleiben wir in den niederen Welten stecken, verzehrt vom Ego, von Ängsten und Begierden, im seichten Bereich unseres geringeren Selbst.

Wenn wir jedoch unser Bestes tun, uns zu entwickeln, indem wir in unserem ganzen Verhalten unsere Selbstliebe, Besonnenheit und Freundlichkeit mehren, können wir eine wahre Revolution des Herzens zustande bringen.

Ich habe den Eindruck, dass im Verlauf der Menschheitsgeschichte meist die weit verbreitete, aber illusorische Ansicht

Liebe dehnt dein Herz aus
und macht dich innerlich groß.
Margaret Walker

Ich habe eine alltägliche Religion, die für mich taugt:
Wenn du dich selbst liebst, fügt sich alles.
Lucille Ball

Sag mir, wen du liebst,
und ich sag dir, wer du bist.
Kreolisches Sprichwort

herrschte, der Schlüssel zum Glück bestünde darin, unsere äußere Welt, unsere Umgebung, unsere Wirtschaft, unsere Politik und unsere Gesellschaftsstrukturen zu beherrschen oder zu ändern. Wir haben diesem Bemühen viel Zeit und Energie gewidmet, wesentlich weniger jedoch dem Bemühen, unsere innere Welt zu verwandeln. Diese Welt aber diktiert die Art und Weise, wie wir tatsächlich unser Leben leben.

Deshalb jagen wir äußerlichen Dingen hinterher, die wenig Wert haben, während wir die Quelle von echtem Wert vernachlässigen – unser eigenes Herz. Ich bete für den Tag, an dem unsere gemeinsamen Anstrengungen dieses Ungleichgewicht korrigieren werden, damit das Wertvolle geschätzt wird und eine globale menschliche Revolution zustande kommt.

Wenn ich das Wort »Revolution« betrachte, denke ich an eine dramatische Veränderung. In unserem Alltagsleben geht es jedoch normalerweise eher um eine allmähliche Veränderung im Lauf der Jahre, während wir reifen.

Dennoch habe ich durch eigene Erfahrungen entdeckt, dass die menschliche Revolution sich dann einstellt, wenn wir unser gewohntes Entwicklungstempo beschleunigen und eine relativ schnelle Veränderung zum Besseren durchlaufen. Das ist wie ein spiritueller Überschallflug im Innern.

Während ich meine eigene Revolution erlebte, stellte ich fest, dass meine täglichen Entscheidungen und Verhaltensänderungen am wichtigsten waren. Bleibende Veränderungen in unserem eigenen Leben wie in der Gesellschaft sind nur durch einen Gesinnungswandel möglich. Unsere Gedanken, Worte und Taten müssen sich ebenso ändern wie unsere Intention, damit wir heute besser werden, als wir es gestern waren.

Für mich und für Millionen andere Menschen überall auf der Welt wird dieser Prozess durch die tägliche Praxis angetrieben, Nam-Myoho-Renge-Kyo zu chanten. Das bestätigt uns in der Heiligkeit allen Lebens und in der Überzeugung, dass wir alle Gott in uns tragen.

Dies ist das erste Buch, das ich über meine spirituelle Praxis und die wichtigen inneren Lehren schreibe, die ich gezogen habe. Aber ich gebe mir schon seit Jahrzehnten alle Mühe, andere durch mein Handeln zu ermutigen und sie anzuleiten, damit meine Erfahrungen ihnen nützlich sein können.

Seit Beginn meiner Solokarriere, in der ich Tausende Konzerte in Dutzenden Ländern gab, habe ich vor jedem Auftritt gechantet und gebetet und mich dabei auf das Glück aller konzentriert, die kommen würden. Ich habe mir mein Publikum bildlich vorgestellt und gebetet, das sein zu können, was jede einzelne Person an jenem Tag von mir brauchte, damit ihre Träume beflügelt, ihre Hoffnung gekräftigt und ihre Seele belebt wurde. Ich habe darum gebetet, in allen eine freudige Revolution des Herzens auszulösen.

Ich glaube, dass Beten eine ebenso positive wie wirksame Handlung ist, zu der wir alle zu jeder Zeit fähig sind. Auf jeden Fall ist es wesentlich konstruktiver, als unsere Umstände oder die von anderen zu beklagen. Es hilft nichts, sich zu beklagen, wenn man mit Herausforderungen kämpft, das konnte ich selbst erfahren.

Im fünften Kapitel habe ich von den lieben älteren Japanerinnen erzählt, die in meiner Nachbarschaftsgruppe waren, als ich mit meiner buddhistischen Praxis anfing. Sie brachten immer leckere Reisbällchen und grünen Tee mit. Als wir eines Tages nach dem Chanten zusammensaßen, diese Köstlichkeiten genossen und über unsere jeweiligen Herausforderungen sprachen, sagte eine von ihnen: »Klagen zerstört das Glück. Man darf sich nie beklagen!«

Das sehe ich eindeutig auch so. Ich habe mich nie über meine Umstände beklagt. Was sollte das schon nützen? Herumzumeckern deprimiert dich nur. Such einen Weg vorwärts, lächle, schüttle die Probleme ab, liebe dich selbst. Nutze die Herausforderungen, vor denen du stehst, um stärker zu werden. Dadurch kannst du dein Karma umwandeln und dein Herz öffnen.

Ein Sprichwort sagt, es gebe zwei Arten von Dingen, über die man sich nie Sorgen machen sollte: solche, die man ändern kann, und solche, die man nicht ändern kann ... Nach meiner Erfahrung kann praktisch alles verwandelt werden, indem man sich zuerst selbst ändert, also brauchst du dir ohnehin keine Sorgen zu machen. Solange dein Verhalten in Mitgefühl wurzelt und du den Spiegel deines Lebens kontinuierlich polierst, bist du auf dem besten Weg.

Manchmal wird unsere angeborene Buddha-Natur, zu der unser Mitgefühl, unsere Klarheit und Aufgeschlossenheit gehören, durch mangelnde Verwendung matt und trüb. Aber indem wir unsere Komfortzone verlassen und unser Herz öffnen, können wir die matten Stellen wegpolieren und klares Licht in die Welt aussenden.

Indem wir unser Herz polieren, wächst zugleich unser Vertrauen in die Fähigkeit unserer menschlichen Familie, Konflikte und globale Herausforderungen individuell und kollektiv zu überwinden und unsere Welt zum Besseren zu ändern.

Während du deine inneren Veränderungen umsetzt, um deine äußeren Umstände zu ändern, wirst du immer mehr spüren, dass du fähig bist, selbst scheinbar unüberwindliche Schwierigkeiten in etwas Nützliches für dich und andere zu verwandeln.

Meine persönliche Geschichte einer bewussten menschlichen Revolution findet nun schon seit beinah einem halben Jahrhundert statt. Einen schmerzfreien Weg, zu einer besseren Person zu werden, gibt es meiner Meinung nach zwar nicht, aber der Lohn – Unabhängigkeit, Selbstvertrauen und Freiheit – sind die Mühe wert. Ich bin zuversichtlich, dass auch du das erfahren wirst.

Es ist nie zu spät, mit deiner eigenen menschlichen Revolution zu beginnen oder sie zu beschleunigen.

Ich glaube wirklich, dass Alter nur eine Zahl ist, und ich habe nie zugelassen, dass mein Alter mir im Weg steht. Nicht mit zweiundvierzig, als die Leute sagten, ich sei zu alt für einen Rockstar. Und auch nicht jetzt, in meinen Achtzigern, da das Buch, von dem ich seit Jahrzehnten geträumt habe, endlich in deinen Händen liegt.

Obwohl schon über achtzig, bin ich noch nicht »angekommen«, weil ich mich weiterhin der Herausforderung stelle, meine Komfortzone zu verlassen, mein Leben zu verbessern und anderen von Nutzen zu sein.

Es ist in Ordnung, wenn du in deinem Leben kein Vorbild hast, das dich inspiriert. Ich bin ohne direkte Vorbilder aufgewachsen, was Höflichkeit und Charme anging, deshalb arbeitete ich mit dem, was ich hatte. Meine Vorbilder fand ich im Kino, während ich im dunklen Saal saß und die Eigenschaften der Filmfiguren studierte. Andere fand ich in Büchern, in denen heldenhafte Gestalten in Romanen und historischen Darstellungen mir zeigten, dass alles möglich war. Auch in meiner eigenen Phantasie entdeckte ich Vorbilder, indem ich mir vorstellte, ein Leben zu erschaffen, das höher war als mein damaliger Lebenszustand. Das tat ich, obwohl ich seinerzeit noch gar keine Ahnung vom Buddhismus und keine Worte hatte, um diesen Vorstellungen Ausdruck zu verleihen.

Ich stellte mir vor, durch die Welt zu reisen, Großes zu tun und in einem Haus zu wohnen, in dem ich von Schönheit und Liebe umgeben war. Selbst als meine Eltern weggezogen waren und ich von den Verwandten hin und her geschoben wurde, dekorierte ich die Zimmer, in denen ich vorübergehend lebte, so gut wie möglich, weil ich instinktiv wusste, dass ich in meinem Leben Würde brauchte.

Es gab niemanden, der mich dazu gedrängt hätte, ein besseres Leben zu führen oder Träume zu haben; das war etwas, was ich selbst wollte, und diese Sehnsucht gab meiner Suche Nahrung. Während ich die Verluste und die Vernachlässigung meiner Kindheit durchlebte, die Turbulenzen meiner ersten Ehe und den Kampf, mich davon zu befreien und neu anzufangen, habe ich nie aufgegeben.

Für meine Phantasie gab es nie irgendwelche Grenzen. Mir etwas bildlich vorzustellen, half mir, denn vor meinem geistigen Auge sah ich immer ein besseres Leben. Phantasie, Vorstellungskraft und große Träume, gepaart mit harter Arbeit, Entschlossenheit und Zuversicht, haben mich dorthin gebracht, wo ich hinwollte, und damit kannst du es genauso schaffen.

Wenn du je feststellen solltest, dass deine Entschlossenheit dahinschmilzt, sag dir einfach: »Diesmal schaff ich es! Diesmal werde ich gewinnen!« Solange du vorwärtsgehst, bist du trotz aller Enttäuschungen und Rückschläge auf dem Weg zum Sieg.

Ich konnte Menschen beobachten, die vom Weg der Selbstverbesserung abwichen, weil sie sich von kurzfristigen Perspektiven, von Misserfolgen oder der Meinung anderer beeinflussen ließen. In jedem dieser Fälle litt ihr Lebenszustand darunter. Glücklicherweise traf ich viele andere Menschen, die danach strebten, sich zu entwickeln und etwas für das Gemeinwohl zu tun. Dadurch ist ihr Leben unweigerlich erfüllender geworden.

Im Grunde läuft es darauf hinaus, welche Entscheidungen wir treffen. Dienen sie dazu, uns zu unserem eigenen Nutzen und zu dem von anderen positiv zu entwickeln? Und welche Intention steht dahinter? Wir verfügen in jedem einzelnen Moment über mehrere Optionen, selbst wenn wir den gegenteiligen Eindruck haben. Und manchmal besteht die Entscheidung einfach darin, positiver zu denken.

Vergiss nie, dass es immer der direkteste Weg zu Glück ist, wenn du die tiefste Dimension deines Selbst kultivierst und dich deiner Reise nach innen widmest.

Stärken wir also unsere Menschlichkeit, und bringen wir unser Leben in Bewegung! Du hast jederzeit die Chance, deine menschliche Revolution zu beschleunigen. Ich weiß, dass du glücklich sein wirst, wenn du das tust.

Mein buddhistischer Glaube stellt die Grundlage meines persönlichen Weges zur Revolution dar. Aber du musst keine Buddhistin und kein Buddhist sein, um von diesen Prinzipien zu profitieren.

Du musst nicht einmal buddhistisch sein, um ein Buddha zu sein! Dazu sagt Daisaku Ikeda: »Wenn wir erkennen, dass unser Leben eins mit dem großen und ewigen Leben des Universums ist, dann sind wir der Buddha. Der Zweck des Buddhismus ist es, allen Menschen zu ermöglichen, diese Erkenntnis zu erreichen.«

Diese Geisteshaltung steht allen offen, unabhängig von ihrer Religion und ihrem kulturellen Hintergrund.

Wir brauchen eine Revolution
in unserem eigenen Geist.
John Henrik Clarke

Durch unsere wissenschaftliche und
technische Begabung
haben wir die Welt zu einer Nachbarschaft gemacht,
doch es hat uns an der ethischen Verpflichtung gefehlt,
sie zu einer Bruderschaft zu machen.
Aber irgendwie … müssen wir alle lernen,
als Brüder zusammenzuleben,
sonst werden wir alle gemeinsam
als Narren untergehen.
Martin Luther King Jr.

Eine Revolution muss sich wirklich im Innern ereignen.
Alice Walker

Die uralte Weisheit des Lotos-Sutras gehört der gesamten Menschheit. Sie verkündet, dass jeder Mensch gleichermaßen die Buddha-Natur besitzt, deren unendliches Potenzial und angeborene Würde uns allen den Weg zu wahrer Unabhängigkeit und absolutem Glück weisen.

Für mich bedeutet das einfach, dass unsere Rettung an uns selbst liegt und dass wir praktizieren müssen, was wir predigen. Um es anders auszudrücken: Es ist die Erkenntnis, dass wir als gewöhnliche Wesen fähig zu einer wunderbaren Verwandlung sind, wenn wir danach streben, den Spiegel unseres Geistes zu polieren. Und immer wenn ich mir das bewusst mache, fühle ich mich gestärkt und handlungsfähig. »Hilf dir selbst, dann hilft dir Gott«, wie es ein kluger alter Spruch weiß.

Dass ich fähig war, in meinem Leben Wunder geschehen zu lassen, liegt nicht daran, dass ich etwas Besonderes wäre. Ich bin nicht anders als jede andere Person, nur ist meine Geschichte besser bekannt, weil ich im Rampenlicht stehe. Menschen, von denen du noch nie gehört hast, lassen ebenfalls täglich in ihrem Leben Wunder geschehen.

Ich bezeichne etwas als »Wunder«, wenn ein gewöhnlicher Mensch etwas Außergewöhnliches erreicht. Wir haben alle das Potenzial, wunderbare Veränderungen zu bewirken. Daher hoffe und bete ich, dass auch du Wunder tun und eine menschliche Revolution erreichen wirst.

Unter den baptistischen Predigern unserer Zeit schätze ich besonders Lawrence Carter Sr., den Dekan der Martin Luther King Jr. International Chapel am Morehouse College. Er sagte: »Ich zweifle nicht daran, dass der Begriff der menschlichen Revolution in der westlichen Spiritualität des einundzwanzigsten Jahrhunderts Wurzeln schlagen wird. Die menschliche Revolution bedeutet eine innere Reform, durch die aus dem Unwissen über die eigene Göttlichkeit ein tiefgreifendes Bewusstsein der Buddha- oder Christus-Natur in unserem Innern wird. Dabei verwandelt Selbstsucht sich in Selbstlosigkeit, und aus begrenzten Aussichten werden grenzenlose Möglichkeiten.«

Wie ich erfahren habe, als ich mich vor langer Zeit mit dem Buddhismus zu beschäftigen begann, reichen die Wurzeln dieser Vorstellung Jahrtausende zurück, bis zum Lotos-Sutra, das auf der ganzen Welt als höchste Lehre des Buddha betrachtet wird, und zu den frühesten buddhistischen Philosophen, die seine Schüler waren.

Im zwanzigsten Jahrhundert, mitten im Zweiten Weltkrieg, hat ein japanischer Pädagoge namens Jōsei Toda dann von einer »menschlichen Revolution« gesprochen. Von diesem großen Mann erfuhr ich zuerst durch Herbie Hancock bei einem der Nachbarschaftstreffen, an denen ich Ende der Siebzigerjahre teilnahm.

Herbie erklärte, wie in Toda, der sich intensiv mit dem Lotos-Sutra beschäftigte, die Überzeugung entstand, dass die Weisheit dieses Sutras die Menschen zu einer Revolution des Herzens führen könne und dadurch zur Ablehnung jeder Form von Gewalt. Toda widmete sein ganzes Leben der Arbeit für den Frieden und wurde vom japanischen Militärregime zwei Jahre lang ins Gefängnis gesteckt, weil er seine Antikriegshaltung nicht aufgab.

Ich war tief davon berührt, dass die Botschaft von Erwachen und Verwandlung, die das Lotos-Sutra enthielt, über Land, Meer und Zeit bis zu einem friedfertigen Lehrer in einer Gefängniszelle gereist war. Toda war nur ein einzelner entschlossener Mensch, aber seine Absicht, diese befreiende Wahrheit mit der Menschheit zu teilen, war so rein, dass sie sich schließlich auf der ganzen Erde ausbreitete und Leute wie mich – und jetzt dich – erreichte.

Ich hoffe, dass diese Botschaft für dich ein ebenso wirksames Werkzeug sein wird, wie sie es für mich war.

Mein guter Freund David Bowie, der sich ein Leben lang für den Buddhismus interessierte, hat mich gern als »Phönix« bezeichnet, jenen mythischen Vogel, der sich aus der Asche erhebt. Ich glaube, David sah in mir dabei nichts anderes als die erneuernde Kraft der menschlichen Revolution. Die Weisheit des Lotos-Sutras hat in mir Veränderungen ermöglicht, die ihn daran erinnerten, wie der Phönix am Ende seines Lebenszyklus verbrennt und sich ins Neue erhebt, den Übergang abwirft und die Wahrheit enthüllt.

Als ich mich aus der Asche meines früheren Lebens erhob, habe ich gelernt, dass unsere Gedanken, Worte und Taten durch die spirituelle Praxis in uns zu einem einheitlichen Ganzen werden. Und wenn unsere Gedanken, Worte und Taten im Einklang mit unseren positivsten Intentionen stehen, geschieht etwas Magisches.

Wir entwickeln uns aus einem humpelnden, zersplitterten zu einem einheitlichen Selbst, das sich in die Höhe schwingt. Wir werden geheilt und ganz, innerlich wie äußerlich. Ich habe gelernt, wie ich mich durch die spirituelle Praxis, den Spiegel meines Lebens zu polieren, heilen kann. Indem ich mich mit der Weisheit des Lotos-Sutras beschäftigte, bin ich zur Ärztin meiner Seele geworden.

Ich habe entdeckt, wie ich die Begrenzungen der niederen Welten und meines geringeren Selbst überwinden kann, jenes vereinzelten, isolierten Selbst, das in Ängsten, Sehnsüchten und Illusionen gefangen war. Diese Ketten habe ich zerbrochen, indem ich übte, mich in den Griff zu bekommen, zu reformieren und meinen Charakter zu läutern. Ich habe gelernt, mich mit tiefem Respekt vor meiner eigenen Buddha-Natur zu verneigen, und wenn ich mich vor der Buddha-Natur von anderen verneigte, als blickte ich in einen Spiegel, erwiderten sie meine Verneigung.

In Übereinstimmung mit der Philosophie der Quäker, dass kein Mensch höher geschätzt werden soll als ein anderer, versuche ich, alle mit Respekt zu behandeln, unabhängig von ihrem Status und ihrer Herkunft. Ich hoffe, dass auch du dich so verhältst.

Durch diese universelle Praxis bin ich davon überzeugt, dass wir alle die drei Gifte der Menschheit – Gier, Ärger und Dummheit – in Altruismus, Mitgefühl und Erwachen verwandeln können. Wir können aus den niederen Bedingungen unseres inneren Lebenszustands in höhere, glücklichere Zustände gelangen.

Das Beste aber ist, dass wir diese Weisheit nicht auf irgendeinem fernen Berggipfel suchen müssen. Wir können sie in uns selbst finden, sozusagen unter unseren eigenen Füßen. Deshalb heißt es in einem bekannten Text aus den Anfängen des Buddhismus: »Du bist dein eigener Meister. Könnte jemand anders wohl dein Meister sein? Wenn du dich selbst in den Griff bekommen hast, so hast du einen Meister von seltenem Wert gefunden.«

Diese Worte fordern uns auf, unabhängig zu leben, uns selbst treu zu sein und uns von anderen nicht verunsichern zu lassen. Dieses größere, kosmische Selbst ist die Buddha-Natur – oder das Christus-Bewusstsein – in uns allen. Es ist das, was Ralph Waldo Emerson sich wohl vorgestellt hat, als er von der universellen, ewigen Schönheit schrieb, mit der »jeder Teil und Partikel gleichermaßen verbunden« sei.

Religion ohne Menschlichkeit
ist recht dürftiger menschlicher Kram.
Sojourner Truth

In erster Linie bin ich Humanistin,
und meine Überzeugungen gelten der Menschheit;
sie schließen niemanden aus.
Whoopi Goldberg

Für mich bedeutet eine Revolution des Herzens, dass wir unser Wesen, unsere Einstellung und unser Potenzial verwandeln und einen Sinn für soziale und globale Verantwortung entwickeln. Wenn wir eine wahre Revolution des Herzens erleben, so begreifen wir, dass ethnische, nationale und kulturelle Unterschiede keine Trennungen oder Konfrontationen bewirken müssen. Was uns von uns selbst und von anderen trennt, sind die Einschränkungen in unserem eigenen Herzen.

Ich habe erlebt, wie Menschen andere oder gar sich selbst in enge Kategorien wie Geschlecht, Alter, Nationalität, ethnische Zugehörigkeit, Gewohnheiten, Persönlichkeit und so weiter eingeordnet haben. Wer wir wirklich sind, ist jedoch schwer zu bestimmen, wenn wir solche begrenzten Merkmale anwenden, die außerdem oft ineinander verwickelt sind. Erst wenn wir über diese oberflächlichen Beschreibungen hinausblicken, können wir unsere wahre Identität erkennen. Das ist ein weiterer wichtiger Aspekt unserer menschlichen Revolution.

Wie gesagt bin ich auf Hindernisse wie Altersdiskriminierung, Rassismus, Sexismus und andere Formen von Vorurteilen gestoßen, ja sogar auf nationalistische. Als ich während meines Comebacks in den Achtzigerjahren überall auf der Welt auftrat, fragten mich manche Leute, wieso ich als Amerikanerin überhaupt in Ländern außerhalb meiner Heimat arbeiten wolle. Meine Antwort war dann immer: »What's nationality got to do with it?«

Dank meiner schwer erkämpften Revolution des Herzens habe ich jetzt positive, stolze Gefühle, weil ich die Diskriminierung überwunden habe. Das Übel von uns spaltenden Denkweisen ist jedoch weiterhin ein weit verbreitetes und ernstes Problem. Um solche tief verwurzelten Vorurteile zu bewältigen, müssen wir, wie Martin Luther King Jr. gesagt hat, »eine radikale Revolution der Werte« durchlaufen.

Die Weisen alter Zeiten, die als Erste von dem »größeren Selbst« sprachen, das durch die menschliche Revolution entsteht, befassten sich auch mit dem Gift des Vorurteils und damit, wie grundlegende gesellschaftliche Werte reformiert werden können. Sie erklärten das mit dem Begriff des »abhängigen Entstehens« und mit der »Einheit des Lebens und seiner Umwelt«.

Diese Begriffe hören sich kompliziert an, sind es aber eigentlich gar nicht. Einfach ausgedrückt, bedeutet abhängiges Entstehen, dass nichts – ob in der menschlichen Gesellschaft oder in der Natur – isoliert existiert. Nicht umsonst hat der Dichter John Donne gesagt: »Kein Mensch ist eine Insel.« Auf irgendeine Weise sind wir alle mit allen Menschen und allem anderen verbunden, da wir alle aus derselben geheimnisvollen universellen Energie bestehen.

Wir sind alle aus Sternenstaub geschaffen. Wir sind alle Kinder Gottes, verbunden im Buddha-Bewusstsein, eine große Familie von Lebewesen, die eine gemeinsame Heimat teilen – die Erde.

Ich fand es toll, als Beyoncé bei ihrem Beitrag zu dem Online-Event *Dear Class of 2020* dazu aufrief, »mit dem Herzen zu führen«. Denn ich glaube, wir müssen uns Freundlichkeit und Herzlichkeit zur Praxis, zur Verpflichtung machen.

Ich tue mein Bestes, alle mit Freundlichkeit und Respekt zu behandeln, vor allem die schwer arbeitenden Menschen im Gesundheitswesen, in Geschäften, Restaurants und Hotels, im Handwerk und im Service. Von Fans, die in solchen Berufen arbeiten, weiß ich, dass sie oft unfreundlich behandelt werden. Vielleicht liegt das daran, dass sie oft weniger dazu neigen, für sich selbst einzutreten, oder dass die Leute, die von ihrer Arbeit profitieren, meinen, sie könnten damit durchkommen, respektlos zu sein.

Als meine Freunde Wayne und Ana Maria Shorter mich und meine Söhne aufnahmen, weil wir keine Bleibe hatten, zeigte ich meine Dankbarkeit und Liebe, indem ich gesunde Mahlzeiten für sie zubereitete und ihr Haus putzte. Es machte mir Freude, das für sie zu tun, und ich war stolz darauf, von Nutzen zu sein.

Ich empfinde tiefe Dankbarkeit für mein eigenes Personal, die wunderbaren Leute, die sich um mich und mein Heim kümmern. Ich entlohne sie gut und nutze jede Gelegenheit, ihnen Respekt und Wertschätzung zu zeigen, und wenn auch nur dadurch, ihnen Wasser, Tee oder ein Sandwich zu bringen. Obwohl sie sich all das natürlich selbst holen könnten, mache ich so etwas gern als Ausdruck von liebevoller Freundlichkeit.

Ich fand es immer sehr wertvoll, mich in Freundlichkeit zu üben. Als ich in meiner Kindheit kein Geld hatte, um Geschenke zu kaufen, schenkte ich meinen Freundinnen oft ein Lied, um sie aufzumuntern. Melodie und Text improvisiert, je nachdem, was gerade in ihrem Leben vor sich ging. War eine Freundin einsam oder unglücklich, dachte ich mir ein Lied darüber aus, dass bald ein hübscher junger Mann in ihr Leben träte, der sie anhimmeln würde. Und wenn eine Freundin sich benachteiligt oder vernachlässigt fühlte, hab ich über etwas gesungen, was sie glücklich machen könnte, zum Beispiel eine tolle neue Puppe oder ein schickes Partykleid.

Es kostet nichts, freundlich zu sein, aber den Menschen, denen unsere Freundlichkeit zuteilwird, ist sie sehr wahrscheinlich ungeheuer wichtig.

Was uns wieder zu unserer menschlichen Revolution zurückführt.

Wenn uns die Gesellschaft, von der wir umgeben sind, nicht gefällt, lehrt uns die zeitlose buddhistische Vorstellung vom Einssein des Lebens und seines Umfelds, dass es an uns liegt, zunächst uns selbst zu ändern. Das bedeutet, dass *wir* die Veränderung »sein« müssen, die wir uns wünschen. Vielleicht haben wir den Eindruck, dass wir und unsere Umgebung voneinander getrennt sind wie Inseln, zwischen denen eine große Wasserfläche liegt. Aber genau wie Inseln unterhalb der Meeresoberfläche miteinander verbunden sind, sind auch wir alle ganz und gar miteinander verflochten.

Diese innige Verbundenheit oder Einheit unseres Lebens und seines Umfelds hat Nichiren mit unserem Körper und seinem Schatten verglichen. Wenn uns nicht gefällt, wie unser Schatten aussieht, wie können wir ihn dann am leichtesten verändern? Indem wir uns bewegen.

Das mag zu stark vereinfacht scheinen, ist jedoch eine ungemein stärkende Einsicht. Es erklärt, dass alles um uns herum, darunter unsere Beziehungen und unser Beruf, unseren inneren Lebenszustand widerspiegelt. Und es bestärkt uns darin zu begreifen, dass wir jede Situation durch eine Veränderung in unserem eigenen Innern umwandeln können.

So gesehen ist es klar, wie töricht und schädlich jede Art von Diskriminierung ist, sowohl für jene, die ein Vorurteil hegen, wie für jene, die davon betroffen sind.

Ich wünsche dir von ganzem Herzen, dass du und ich und alle anderen Menschen auf der Welt weiterhin unser Herz und unser Denken öffnen, indem wir uns an unseren Unterschieden freuen und uns von jeder Form von Diskriminierung befreien. Das, glaube ich, ist eine Grundvoraussetzung für Frieden, sowohl in uns selbst wie in unserer Gesellschaft.

Durch meine buddhistische Praxis bin ich zu der Überzeugung gelangt, dass jedes Lebewesen einen elementaren Wert hat. Indem ich meinen eigenen Wert anerkenne, erkenne ich den von allen anderen an. Und ich sehe, dass wir alle einen Mikrokosmos der Welt darstellen. Indem wir uns – diesen Mikrokosmos – verwandeln, tragen wir dazu bei, den Makrokosmos zu verändern, unser gemeinsames Karma, das Schicksal der gesamten Menschheit und der Natur, in der wir leben. Das ist der höchste Ausdruck der menschlichen Revolution.

Es gibt keine größere Verantwortung und Ehre als dies.

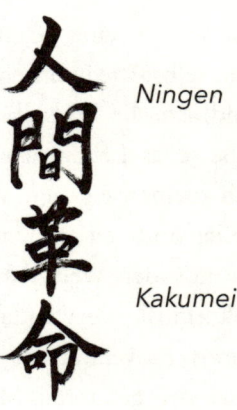

Ningen

Kakumei

In der japanischen Schrift wird der Begriff »menschliche Revolution« *(ningen kakumei)* mit vier Zeichen dargestellt. Die ersten beiden Schriftzeichen für »menschlich« findet man schon in jahrtausendealten buddhistischen Schriften als Bezeichnung für das Reich der Menschheit. Sie stellen eine Person und ein Tor dar, dessen Zwischenraum von Sonnenlicht erfüllt ist. Bei den zwei Schriftzeichen für *Revolution* bedeutet das erste »verändern« oder »reformieren«, das zweite steht für das Leben oder unseren Lebenszustand, der zugleich unser Schicksal darstellt. Zusammen ergibt sich das schöne Bild, dass wir bei unserer menschlichen Revolution unser lichterfülltes inneres Reich aktivieren, um unser Leben und unser Schicksal zu verändern.

In den späten Siebzigerjahren mit einem Buch über das Prinzip,
»Gift in Medizin zu verwandeln«, das mir half, mein Leben zu verändern.

Mit Cher bei ihrer Fernsehshow (1977), von der ich im
zweiten Kapitel erzähle. Wie man sieht, amüsieren wir uns königlich.

Als stolze Mutter mit meinen geliebten Söhnen Craig (links) und
Ronnie (rechts) in meinem Haus in Los Angeles, 1979.

In meinem personalisierten Regiestuhl aus dem Film »Tommy«.
An der Wand sieht man einen Teil meiner Büchersammlung.

Bei jedem Morgengebet rezitiere ich das Lotos-Sutra und
chante Nam-Myoho-Renge-Kyo, um den Spiegel meines Lebens zu polieren.

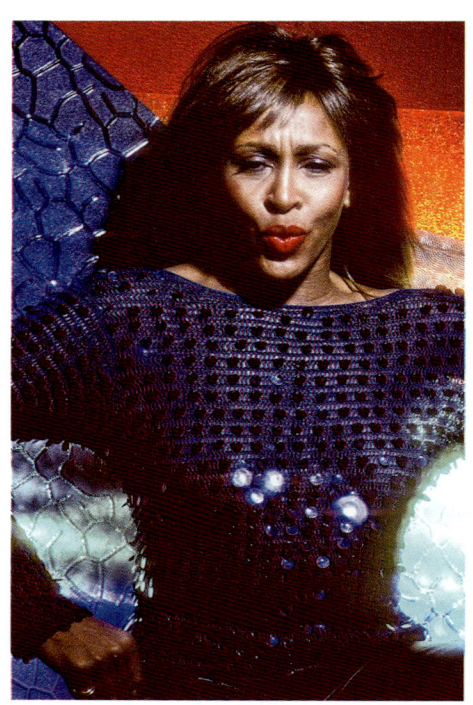

In Pose als Wonder Woman
und überglücklich,
als meine Solokarriere
in den frühen Achtzigern
an Fahrt aufnimmt.

Bei dem buddhistischen Friedensfestival der SGI (1982), bei dem ich gelobte, mit meiner Musik immer Hoffnung zu verbreiten.

An dem Wochenende, an dem mein Film »Mad Max – Jenseits der Donnerkuppel« 1985 zum Sommer-Kinohit wurde, sitze ich in New York dankbar bei meiner Morgenandacht.

Gerührt und geehrt halte ich 1993 den Essence Award in Händen,
nachdem meine Freundin Ann-Margaret mich auf der Bühne
mit Worten der Anerkennung überrascht hatte.

Im Jahr 2000 in meiner Heimat Tennessee bei einem Besuch
im St. Jude's Children's Research Hospital, das ich mit Freude unterstütze.

Vom Fenster meines Gebetszimmers im Obergeschoss beobachte ich im Juli 2013 glücklich, wie meine Hochzeitsgäste eintreffen.

Während einer willkommenen Pause zwischen zwei medizinischen Behandlungen im Studio für die Aufnahmen von »Awakening Beyond« (2017). Meine Freude ist deutlich sichtbar.

Vor meinen Abendgebeten mache ich gern einen Spaziergang durch den Garten, während die Sonne über dem Zürichsee untergeht.

7

Singen trägt dich
über alles hinaus

Es war ein Sommernachmittag im Jahr 2008. Während die über dem Zürichsee liegenden Regenwolken sich langsam teilten und herrlicher Sonnenschein hindurchbrach, erschien über meinem Haus ein Regenbogen. Dieser ehrfurchtgebietende Anblick ließ mich ahnen, dass sich an jenem Tag etwas Bedeutungsvolles ereignen würde. Ich glaube an himmlische Zeichen und gute Omen von Mutter Natur. Für mich symbolisiert ein Regenbogen Frieden, Vielfalt und Erwachen.

Dieser wunderschöne Regenbogen kündigte die Ankunft meiner guten Freundin Regula Curti an.

Früher am Tag hatte sie von einem Retreat in den Schweizer Bergen aus angerufen. Normalerweise gehe ich nicht selbst ans Telefon, aber aus irgendeinem Grund tat ich es damals doch. Es war Schicksal. Wenn jemand anders abgehoben hätte, so hätte er eine Nachricht notiert, und womöglich hätte ich nicht rechtzeitig zurückgerufen, weil ich am nächsten Morgen nach Amerika fliegen würde. Wie ich bald feststellte, war Eile geboten.

Während wir uns am Telefon herzlich begrüßten, hörte ich

in Regulas Stimme einen emotionalen Unterton und spürte, dass sie etwas Wichtiges zu sagen hatte.

»Hört sich ganz so an, als hättest du etwas Bestimmtes im Sinn«, sagte ich.

Ich konnte sie beinah lächeln hören, als sie erwiderte: »Ja, das stimmt, und es ist etwas Besonderes.«

Statt das Gespräch telefonisch fortzusetzen, schlug ich vor, noch am selben Tag zusammenzukommen.

Dazu war Regula gern bereit. Mir ist es lieber, mich von Mensch zu Mensch und von Herz zu Herz zu unterhalten, weil das persönlicher ist.

Regula und ich kennen uns seit mehr als zwanzig Jahren, und wir haben schon viel zusammen erlebt. Zum Beispiel sangen und tanzten wir ganz spontan am Geburtstag eines Freundes auf einem Boot im Mittelmeer, und wir luden uns gegenseitig zum Abendessen ein. Außerdem führten wir lange Gespräche über Spiritualität und die heilende Kraft von Musik und Gesang, wodurch eine enge Verbindung entstanden ist. Ich war neugierig, was sie mir mitteilen wollte.

Es war fast so, als wäre Regula von den Bergen herabgeflogen; jedenfalls tauchte sie erstaunlich schnell in meiner Einfahrt auf. Während ich hinausging, um sie zu empfangen, leuchtete der Himmel über uns in sieben Farben.

Als wir in meinem Wohnzimmer beim Tee saßen, erklärte Regula, sie habe die Idee zu einem Album mit buddhistischen und christlichen Gebeten, das zu Frieden und Verständnis zwischen den Kulturen beitragen solle. Es werde die erste Veröffentlichung von *Beyond Music* sein, einem multikulturellen Projekt, das sie ein Jahr zuvor gegründet hatte.

Interessant, dachte ich und erinnerte mich plötzlich an eine Seherin, die mir vor langer Zeit gesagt hatte, ich würde eines Tages mit einer interreligiösen Gruppe von Frauen zusammenarbeiten. Solche Aktivitäten lagen mir am Herzen, weshalb ich mehr erfahren wollte.

Die Produktion des Albums war bereits im Gange, berichtete Regula. Beteiligt war Dechen Shak-Dagsay, eine tibetischbuddhistische Sängerin, die ebenfalls am Zürichsee wohnte. Im Vorjahr war ich bei einer wunderbaren Veranstaltung gewesen, die Dechen und Regula organisiert hatten, einem interreligiösen Dialog zwischen dem Dalai Lama und dem Schweizer Benediktinerabt Martin Werlen.

»Dieses Gespräch fand ich so bewegend«, sagte Regula, »dass es dieses Album inspiriert hat.«

Eine Bemerkung des Dalai Lama hatte Regula besonders beeindruckt: »Es ist wichtig, offen und tolerant gegenüber anderen Überzeugungen zu sein und sich trotz aller Unterschiede zwischen den Religionen immer zu respektieren.«

Dechen und Regula hatten diese Haltung verinnerlicht und waren nun damit beschäftigt, buddhistische und christliche Mantras zu einem inspirierenden Album zu verweben. Während der Aufnahmen war ihnen klar geworden, dass sie davon profitieren würden, wenn jemand Prominentes das Projekt unterstützte.

»Heute Morgen«, sagte Regula, »habe ich bei der Meditation deine Stimme gehört, Tina. Aber du hast nicht gesungen, sondern gesprochen, hast auf dem Album eine spirituelle Botschaft verbreitet.«

Mehr musste ich nicht hören. »Auf diesen Moment warte ich schon lange«, sagte ich. »Seit den Achtzigerjahren erzähle ich, dass ich eines Tages an einem spirituellen Projekt teilnehmen werde. Jetzt ist es so weit, und ich will mitmachen.«

Der Zeitpunkt war ideal. Ich hatte gerade die letzte Tournee meiner Karriere angekündigt, mit der ich mein fünfzigstes

Jahr im Musikgeschäft feiern würde. Im Alter von neunundsechzig Jahren hatte ich mich zu einem ambitionierten Programm mit neunzig Auftritten auf der ganzen Welt und mehr als 1,2 Millionen Tickets verpflichtet. Kein schlechtes Ende für meine Laufbahn!

Die Vorbereitungen für meine Jubiläumstournee waren in vollem Gang, als ich zu Regulas Team im Studio stieß. Ich hatte gerade genug Zeit, die Aufnahmen für das Album zu machen, bevor ich zum ersten Konzert nach Missouri aufbrach. Missouri hatte ich für den Anfang meiner Abschiedstour ausgewählt, weil meine Karriere dort vor genau einem halben Jahrhundert begonnen hatte.

Das Album mit dem Titel »Buddhist and Christian Prayers« sollte im Juni 2009 veröffentlicht werden, etwa einen Monat nach Ende meiner Tournee.

Die Grundidee von *Beyond Music* ist Einheit in Vielheit, was nahtlos zu meiner spirituellen Praxis passt. In der buddhistischen Tradition der Sōka Gakkai findet sich eine schöne Analogie dieser Vielheit in dem Prinzip der »Blüten von Kirsche, Pflaume, Pfirsich und Damaszenerpflaume«.

Vor über siebenhundertfünfzig Jahren hat Nichiren eine allumfassende Perspektive der Vielheit gelehrt, indem er mit Verweis auf diese Obstbaumblüten zeigte, dass wir alle – ohne Rücksicht auf ethnische Zugehörigkeit, Geschlecht, sexuelle Orientierung und so weiter – gleichermaßen die Buddha-Natur besitzen. Seine Worte erinnern uns daran, dass das Lotos-Sutra unterschiedslos alle Lebewesen einschließt, und betont, dass jedem einzelnen davon großer Wert beigemessen wird und ein angeborenes Potenzial innewohnt.

Kultureller Pluralismus – das ist die Luft, die wir atmen,
und der Boden, auf dem wir stehen.
Ralph Ellison

Wenn die Bekenner der gegenwärtigen
Religionen sich ernstlich bemühen würden,
im Geiste der Begründer dieser Religionen zu denken,
zu urteilen und zu handeln, dann würde keine
auf den Glauben gegründete Feindschaft zwischen
den Bekennern verschiedener Religionen existieren.
Noch mehr, sogar die Gegensätze im Glauben
würden sich als unwesentlich herausstellen.
Albert Einstein

Dafür gibt es ein anschauliches Beispiel in der bildenden Kunst: den Pointillismus. Das ist ein Stil, bei dem winzige Tupfer aus verschiedenen Farben in bestimmten Mustern so aufgetragen werden, dass sich ein Bild ergibt. Ein berühmtes Gemälde dieser Richtung ist »Ein Sonntagnachmittag auf der Insel La Grande Jatte« von Georges Seurat, das heute im Art Institute of Chicago hängt.

Vielleicht kennst du es, weil es in einer zentralen Szene des Films »Ferris macht blau« vorkommt. Cameron, eine der Hauptfiguren, steht gebannt vor dem Gemälde, während die Kamera es wie ein Mikroskop immer näher heranzoomt, bis jeder kleine Farbtupfer erkennbar ist. Ich erinnere mich noch gut daran, wie ich bei meinem ersten Besuch im Art Institute ebenfalls fasziniert das Bild betrachtete.

Im Pointillismus wird jeder einzelne Farbtupfer für seine Eigenart geschätzt. Indem Seurat auf diese Weise die verschiedenen Farben zusammenfügte, wollte er seine Werke leuchtender und wirkungsvoller machen.

Ich sehe die Menschheit genauso.

Indem wir alle den ethnischen, religiösen und kulturellen Hintergrund würdigen, den andere haben, werden wir stärker und glücklicher. Wir sorgen dafür, dass das kosmische Meisterwerk, das unsere Welt ist, heller wird.

Statt die Unterschiede hervorzuheben, sollten wir Ausschau nach Gemeinsamkeiten halten. Letztlich sind unsere Unterschiede doch nur oberflächlicher Art, weshalb es das Beste ist, sie zu feiern.

In welche religiöse Tradition wir hineingeboren werden, wird meist durch die Region bestimmt, in der wir leben, und durch den ethnischen Hintergrund unserer Familie. Ich beispielsweise stamme aus einer afroamerikanischen Familie, die im Süden der Vereinigten Staaten lebte. Wie die meisten solchen Familien war meine baptistisch orientiert.

Obwohl ich von der Baptistin zur Buddhistin geworden bin, ehre ich das Erbe meiner Familie und empfinde Wertschätzung für die Gemeinsamkeiten dieser beiden Wege. Die baptistische Lehre hat mich angespornt, Eingang ins Paradies zu finden, während der Buddhismus mich inspiriert, den bleibenden, erwachten Zustand der Buddhaschaft zu erreichen. Wenngleich die Ziele dieser zwei spirituellen Wege bestimmte Unterschiede aufzuweisen scheinen, geht es in beiden Fällen darum, einen Zustand des unzerstörbaren, ewigen Glücks zu erreichen. Für mich ist das eine bedeutsame Gemeinsamkeit.

Ich habe Menschen aus der ganzen Welt, aus vielen Kulturen und Glaubensrichtungen kennengelernt, und ich bin der Überzeugung, dass alle religiösen Traditionen im Kern nach demselben streben – danach, immerwährende Freude zu erfahren, indem wir uns im Einklang mit den positiven Kräften des Universums befinden. Diese höchste Wirklichkeit können wir als »Jehova«, »Gott«, »Allah«, »Jesus«, »HaSchem«, »Tao«, »Brahma«, »Schöpfer«, »mystisches Gesetz«, »Universum«, »die Macht«, »Buddha-Natur«, »Christus-Bewusstsein« und was auch immer bezeichnen.

Als ich zum Projekt *Beyond* stieß, bemühte ich mich, mich mit verschiedenen spirituellen Traditionen vertraut zu machen und damit, welcher Austausch zwischen ihnen stattgefunden hat. Bevor ich das Album »Buddhist and Christian Prayers« aufnahm, war ich mir zum Beispiel nicht bewusst gewesen, dass es in alter Zeit einen Kontakt zwischen Buddhisten und Christen gegeben hat.

Deshalb war ich freudig überrascht, eine reiche Geschichte des interreligiösen Dialogs zu entdecken. Als im sechzehnten

Jahrhundert jesuitische Missionare in Japan eintrafen, schrieben sie in Berichten nach Europa, die japanischen Buddhisten hätten eine asiatische Form des Christentums entwickelt. Zur selben Zeit stellten japanische Buddhisten beim Kontakt mit den Jesuiten fest, dass sie am christlichen Glauben nicht viel auszusetzen hätten. Anders gesagt, sahen sie die Gemeinsamkeiten.

Mehrere Jahrzehnte lang lebten die christlichen Missionare harmonisch unter der hauptsächlich buddhistischen Bevölkerung, bis Spannungen ausbrachen, die mit politischen Bedenken der Shogunatsregierung zusammenhingen. Was den Konflikt zwischen den Menschen auslöste, war also Politik, nicht Religion. Das ist im Lauf der Zeiten immer wieder zu beobachten, und ich wünschte, dass mehr von uns in der heutigen Welt es erfahren und begreifen würden.

Im dritten Jahrhundert vor unserer Zeitrechnung und damit etwa zweitausend Jahre bevor die Jesuiten in Japan landeten, schickte Ashoka, ein großer buddhistischer König in Indien, Gesandte in ferne Länder aus, um die buddhistischen Ideale von Mitgefühl und Frieden zu verbreiten. In ihren Berichten zeichneten diese Gesandten auf, dass sie neben anderen Orte in Griechenland und Ägypten besuchten, darunter Alexandria.

Im Jahrhundert vor diesen buddhistischen Missionen hatte der kulturelle Austausch zwischen Indien und Europa unter Alexander dem Großen begonnen. Angesichts dessen kann ich mir leicht vorstellen, wie die buddhistische Philosophie in den Westen kam, darunter auch in die Region, in der Jesus lebte.

Später erforschten christliche Missionare – der erste war der Legende nach der Apostel Thomas – Indien und brachten Geschichten von Bodhisattvas und dem Leben Shakyamunis

Unser Zweck, hier zu sein, wo immer wir sind,
besteht vielleicht darin,
für mehr Dauerhaftigkeit und Liebe
unter und zwischen den Menschen zu sorgen.
June Jordan

Menschen können nur dann voll und ganz leben,
wenn sie anderen zu leben helfen …
Kulturen können ihren weiteren Reichtum
nur durch die Würdigung
anderer Traditionen verwirklichen,
und nur wenn die Menschheit die Natur achtet,
kann sie weiter existieren.
Daisaku Ikeda

in den Westen. Manches davon fand seinen Weg in die frühe christliche Lehre und entwickelte sich zu dem, was heute als Legende der heiligen Barlaam und Josaphat bekannt ist. Ihre Namen stammen von dem buddhistischen Ausdruck für »erhabener Bodhisattva«.

Manche Religionswissenschaftler haben auch gemeinsame Wurzeln zwischen der zentralen christlichen Botschaft der Nächstenliebe und der buddhistischen Botschaft des Mitgefühls gefunden.

Als vor mehreren Jahren meine Nieren versagten und ich zur Dialyse musste, war eines meiner Lieblingsbücher, die ich während der Behandlung las, die *Göttliche Komödie* von Dante. Ich finde, die neun Kreise der Hölle, die Dante beschreibt, ähneln der alten buddhistischen Vorstellung von höllischen Lebenszuständen und der durch Ursache und Wirkung geprägten Beziehung zwischen dem Leben vor und dem Leben nach dem Tod.

Vor Kurzem stellte ich fest, dass ich da nicht allein bin, denn heutige Literaturwissenschaftler meinen, Dante hätte sich von der buddhistischen Darstellung von Höllen und eisigen Orten der Folter inspirieren und sie in sein Werk einfließen lassen.

Der Wunsch, die Essenz des Universums zu erforschen, überschritt schon immer die Grenzen jeder einzelnen kulturellen oder spirituellen Tradition.

Auch beim Projekt *Beyond* war es unser Ziel, so viele religiöse Richtungen einzuschließen wie irgend möglich. Angefangen haben wir mit Buddhismus und Christentum, weil wir mit diesen beiden Religionen am vertrautesten waren. In späteren Alben hat sich diese Vision erweitert, indem die hinduistische Tradition Indiens, aber auch die jüdische und arabische Kultur zum Tragen kamen.

Schon beim ersten Album wollte ich meine spirituelle Botschaft so universell und umfassend wie irgend möglich gestalten. Allerdings war ich mir nicht sicher, wie ich das anstellen sollte. In den späten Siebzigerjahren hatte ich zwar versucht, Songs über buddhistische Konzepte zu schreiben, sie aber nicht vollendet.

Als ich später den buddhistischen Philosophen Daisaku Ikeda traf, sprach er ermutigend über das Potenzial von Musik, kulturelle Grenzen zu überschreiten und im Leben der Menschen die Haltung zu wecken, niemals aufzugeben. Ich habe immer schon geglaubt, dass Musik weit mehr ist als beispielsweise Noten auf einem Blatt oder akustische Schwingungen mehr oder weniger harmonischer Natur; sie ist eine Sprache. Das habe ich den Mitgliedern meiner Band zu vermitteln versucht, indem ich ihnen immer wieder sagte: »Wenn ihr Musik von eurem Herzen her ausdrückt und wenn ihr sie mit eurer Seele verbindet, werden die Leute von eurer künstlerischen Leistung umso mehr ergriffen sein.«

Wie konnten wir diese Haltung in *Beyond* einfließen lassen?

Da ich für meine Tournee auf dem Weg in die Vereinigten Staaten war, beschloss ich, kurz in Carlsbad, Kalifornien, haltzumachen, um den Autor Deepak Chopra um Rat zu fragen. Ich hatte viele seiner Bücher gelesen und bewunderte seit Langem seine Fähigkeit, einem größeren Publikum multikulturell geprägte spirituelle Ideen zu vermitteln.

Wie ich gehofft hatte, war Deepak freundlich und hilfreich, und am Ende unseres Gesprächs schenkte er mir mehrere spirituelle Bücher. Beim Lesen, versicherte er mir, würden mir zur richtigen Zeit die richtigen Worte einfallen.

Ich liebe Bücher, und als ich diese neue Sammlung vor mir ausbreitete, kam ich mir vor wie ein Kind an Weihnachten.

Während ich zu lesen begann, suchte ich nach Wörtern und Sätzen, die etwas in mir auslösten, und schrieb sie auf große Papierblätter.

Anschließend nahm ich sämtliche Blätter und legte sie auf dem Boden aus. Dann setzte ich mich zwischen all die inspirierenden Worte wie in einen literarischen Garten aus Positivität. Zuerst saß ich ganz still da und ließ die Worte osmotisch in mein Bewusstsein dringen.

Nun stand ich auf und spazierte durch meinen Garten aus Worten. Wenn ich auf etwas traf, was mich inspirierte, lief mir ein Schauer über den Rücken. Meine Freundin Oprah nennt so etwas einen »Aha-Moment«.

Maya Angelou, die viele von uns verehren, war der Ansicht, dass Worte Dinge sind. Worte, spürte sie, enthalten Energie und Kraft. Das finde ich ebenfalls. Worte gehören zu den drei Aktivitäten (Gedanken, Worte und Taten), die Karma erschaffen und den Zustand unseres Lebens beeinflussen.

Im Hinblick darauf wählte ich meine Worte sorgfältig, zugleich aber so, dass es mir Freude machte. Ich fing damit an, die Blätter, die ich beschriftet hatte, in Gruppen anzuordnen. Es war ein spielerischer Prozess, meine Lieblingsworte auszuwählen und sie in genau die richtige Reihenfolge zu bringen. Regula gesellte sich zu mir, und wir hatten so viel Spaß, dass wir schließlich kicherten wie Schulmädchen. Sie schlug vor, meine endgültige Auswahl an die Wand zu heften und bei meinem täglichen Spaziergang darüber nachzudenken.

Während ich das tat, wurde mir klar, dass ich die Botschaft noch stärker kondensieren wollte, um sie so einfach und allgemeingültig wie möglich zu machen. Es war mir wichtig, dass möglichst viele Menschen in der Lage waren, die Bedeu-

Eines Tages werden wir fähig sein,
die Kraft von Worten zu messen.
Ich glaube, sie sind Dinge.
Sie schleichen sich an Wände.
Sie schleichen sich in deine Tapete.
Sie schleichen sich in deine Teppiche, in deine Polster,
in deine Kleider und schließlich in dich selbst.
Maya Angelou

Jenseits von Richtig und Falsch liegt ein Ort.
Dort treffen wir uns.
Rumi

tung zu verstehen. Ich wollte alle erreichen, die sich im Leben abmühten, alle, die eine Inspiration brauchten, um in sich Frieden und Glück entstehen zu lassen.

Schließlich fand ich exakt die Worte für das, was ich ausdrücken wollte. Während ich sie aufnahm, sah ich erstaunt, dass die Tontechniker und andere im Studio davon zu Tränen gerührt wurden.

Neben meiner gesprochenen Botschaft habe ich zu *Beyond* weitere spirituelle Aufnahmen beigetragen, die einen besonderen Platz in meinem Herzen haben. Für »Buddhist and Christian Prayers« war das der Anfang des Gongyo, einer Auswahl aus dem Lotos-Sutra, die zu meiner täglichen buddhistischen Gebetspraxis gehört. Für das 2014 erschienene Album »Love Within« nahm ich »Amazing Grace« auf, ein Lied, das ich schon als Kind im Kirchenchor sang. Es gehört noch heute zu meinen Lieblingsliedern.

Ich hoffe, dass die Botschaften, die ich auf diesen Alben ausgesandt habe, weiterhin Herzen auf der ganzen Welt berühren werden, so wie die Botschaften in diesem Buch.

Lass mich dir die Worte sagen, die ich auf dem ersten Album gesprochen habe:

Nothing lasts forever. No one lives forever.
The flower fades and dies. Winter passes and spring comes.
Embrace the cycle of life; that is the greatest love. Go beyond fear. Go beyond fear. Beyond fear takes you into the place where love grows, where you refuse to follow the impulses of fear, anger, and revenge.
Beyond means to feel yourself.
Start every day singing like the birds. Singing takes you beyond, beyond, beyond, beyond …

We need a repeated discipline, a genuine training, to let go of our old habits of mind and to find and sustain a new way of seeing.

Go beyond the rights and the wrongs.

Prayer clears the head and brings back peace to the soul.

Go beyond to feel the oneness of unity.

Sing! Singing takes you beyond, beyond, beyond, beyond ...

We are all the same, all the same. Looking to find our way back to the source. To the one, to the only one.

Go beyond revenge.

The greatest moment in our lives is when we allow us to teach one another.

Go beyond to feel the oneness of unity.

Singing. Singing takes you beyond, beyond, beyond, beyond ...

Take the journey, take the journey inside of you.

To become quiet to hear the beyond. To become patient to receive the beyond. To become open to invite the beyond and be grateful. Be grateful to allow the beyond. Be in the present moment, to live in the beyond.

Start every day singing like the birds. Singing takes you beyond, beyond, beyond, beyond ...

What does love have to do with it?

Love grows when you trust. When you trust, love heals and renews.

Love inspires and empowers us to do great things. And makes us a better person to love. Love makes us feel safe and brings us closer to God.

When you go beyond, that's where you find true love.

Keep singing. Singing takes you beyond, beyond, beyond, beyond ...

Nichts währt ewig. Niemand lebt ewig.

Die Blume verwelkt und stirbt. Der Winter vergeht, und der Frühling kommt.

Nimm den Kreislauf des Lebens an, das ist die größte Liebe. Geh über die Furcht hinaus. Geh über die Furcht hinaus. Das führt dich an einen Ort, wo Liebe wächst, wo du dich weigerst, den Impulsen von Furcht, Ärger und Vergeltung zu folgen.

Darüber hinauszugehen bedeutet, sich selbst zu spüren.

Fang jeden Tag damit an, dass du singst wie die Vögel. Singen trägt dich über alles hinaus, hinaus, hinaus, hinaus ...

Wir brauchen Disziplin, echtes Training, um unsere alten Denkgewohnheiten loszulassen, um eine neue Sichtweise zu finden und beizubehalten.

Geh über richtig und falsch hinaus.

Beten klärt die Gedanken und bringt der Seele den Frieden zurück.

Geh über alles hinaus, um das Einssein zu spüren, die Einheit.

Sing! Singen trägt dich über alles hinaus, hinaus, hinaus, hinaus ...

Wir sind alle dasselbe, alle dasselbe. Wir suchen nach dem Weg zurück zur Quelle. Zu der einen, der einzigen.

Geh über das Bedürfnis nach Vergeltung hinaus.

Der größte Moment in unserem Leben kommt, wenn wir uns erlauben, uns gegenseitig zu unterweisen.

Geh über alles hinaus, um das Einssein, die Einheit zu spüren.

Sing. Singen trägt dich über alles hinaus, hinaus, hinaus, hinaus ...

Geh auf die Reise, die Reise in dich hinein. Um ruhig zu werden, über alles hinauszugehen und zu hören, was dort ist. Um geduldig zu werden und zu empfangen, was dort ist. Um offen zu werden und willkommen zu heißen, was dort ist. Sei dankbar. Sei dankbar, um das zuzulassen, was dort ist. Sei im gegenwärtigen Moment, um an jenem Ort zu leben.

Fang jeden Tag damit an, zu singen wie die Vögel. Singen trägt dich über alles hinaus, hinaus, hinaus, hinaus ...

Was hat Liebe damit zu tun?

Liebe wächst, wenn du Vertrauen hast. Wenn du Vertrauen hast, heilt und erneuert Liebe.

Liebe inspiriert und befähigt uns, große Dinge zu tun. Sie führt dazu, dass wir besser lieben und besser geliebt werden können. Liebe verschafft uns ein Gefühl der Sicherheit und bringt uns näher zu Gott.

Wenn du über alles hinausgehst, wirst du dort wahre Liebe finden.

Sing weiter. Singen trägt dich über alles hinaus, hinaus, hinaus, hinaus ...

Mein geliebtes Heim am Zürichsee trägt den Namen Château Algonquin. Erhalten hat es ihn, lange bevor ich mit meinem Mann Erwin in den Neunzigerjahren eingezogen bin, und wir wussten nicht recht, was »Algonquin« bedeuten sollte. Wir fragten unsere Nachbarn, die ebenfalls keine Ahnung hatten. Nach einigen Recherchen stellten wir dann fest, dass es sich um die französische Schreibweise eines Worts der nordamerikanischen Ureinwohner handelt. Es bedeutet: »Sie sind unsere Verwandten.« Oder: »Sie sind unsere Verbündeten.«

Ohne ein Lied würde jeder Tag
ein Jahrhundert dauern.
Mahalia Jackson

Musik kann dir die Kraft schenken, dich zu ändern
oder für etwas zu kämpfen,
für deine Familie und für dich selbst.
Musik schenkt dir die Kraft, dich aufzurichten
und dich deinen Problemen zu stellen.
Wenn du dich manchmal ganz entmutigt fühlst,
kannst du dank Musik die Kraft aufbringen,
wieder aufzustehen und mit aller Macht weiterzugehen.
Wayne Shorter

Die Vorstellung, dass unser Haus nach einem Ausdruck der Einheit benannt ist, hat uns sehr gefreut. Einheit ist eine wichtige Botschaft für mich, weil ich glaube, dass wir alle verwandt und verbündet sind.

Durch die Weisheit des Lotos-Sutras hat sich mein Bewusstsein dafür vertieft, dass alles Leben ineinandergreift. Es ist nur die begrenzte Fähigkeit unserer Sinne, die uns dazu bringen kann, willkürliche Unterscheidungen zwischen »uns« und »den anderen« für wichtig zu halten.

Der Buddhismus lehrt uns, dass alle Lebewesen einander immer wieder Mutter, Vater, Schwester, Bruder, Kind und dergleichen gewesen sind, im Laufe einer unendlichen Zahl von Leben und in jedem Winkel des Universums. Auch wenn wir diese Vorstellung vielleicht nicht ganz begreifen können, hoffe ich, dass sie dein Denken öffnet, wie es meines geöffnet hat.

Wir leben alle gemeinsam auf diesem wunderbaren Planeten. Das ist unsere Realität. Handeln wir also wie die große Familie, die wir tatsächlich sind, und verhalten wir uns immer freundlich! In diesem Sinne hat Papst Franziskus gesagt, mehr denn je brauche die Welt heute eine Revolution der Zärtlichkeit und der Liebe.

Ich habe erlebt, welch verwandelnde Kraft es hat, gemeinsam in multikultureller Einheit Gebete zu singen. Es stellt eine Verbindung auf einer spirituellen Ebene her, an einem Ort von Liebe und Respekt, an dem weltliche Unterschiede verblassen. Musik ist eine allumfassende Brücke zwischen »du« und »ich«, zwischen »uns« und »den anderen«.

Ich habe das starke Gefühl, dass es Zeit für die Welt ist, alles Trennende zu überwinden und eine größere spirituelle Verbundenheit herzustellen. Wir müssen vereint sein, um kollektiv die Probleme zu lösen, vor denen wir stehen.

Martin Luther King Jr. hat gesagt: »Wir sind alle in einem unentrinnbaren Netz der Gegenseitigkeit gefangen, in ein einziges Gewand des Schicksals eingebunden. Alles, was einen von uns direkt betrifft, betrifft alle indirekt … Das ist die aus Wechselbeziehungen bestehende Struktur der Wirklichkeit.«

Egal, ob du Buddhismus praktizierst wie ich, ob du einer anderen Form spiritueller Praxis nachgehst oder ob du überhaupt nicht spirituell orientiert bist – ich glaube, am wichtigsten für das Überleben und Gedeihen der Menschheit ist es, dass wir uns alle zu dem gemeinsamen Zweck zusammenfinden, unseren wunderschönen Planeten zu erhalten. Wir müssen stärker wahrnehmen, dass wir zur menschlichen Gemeinschaft gehören und unsere himmlische Oase nicht nur miteinander teilen, sondern mit allem Leben auf der Erde.

Wie der Physiker Stephen Hawking so treffend erklärt hat, ist es extrem unwahrscheinlich, dass wir je erfolgreich einen anderen bewohnbaren Planeten kolonisieren werden, selbst wenn es uns gelingen sollte, einen zu identifizieren. Der Mensch lebt einfach nicht lange genug, um die gewaltige Distanz zu überwinden, die nötig wäre, um andere Planeten wie die Erde zu finden, geschweige denn, dorthin auszuwandern.

Falls wir es laut Hawking je schaffen sollten, mit Lichtgeschwindigkeit zum Zentrum unserer Milchstraße und zurück zu reisen, wird die Erde inzwischen um fünfzigtausend Jahre gealtert sein. Das ist eine Reise, die mir nicht besonders realistisch vorkommt.

Statt über die geringe Chance zu phantasieren, auf einem anderen Planeten neu anzufangen, sollten wir uns daher auf die Realität konzentrieren und unsere Energie dazu verwenden, unseren Planeten zu erhalten, hier und jetzt.

Gelingen kann das nur, indem wir zusammenkommen und darauf hinarbeiten, unsere gemeinsamen Probleme zu lösen. Um uns mit anderen zu vereinen, müssen wir jedoch mit unserem eigenen Herzen vereint sein. Das heißt, wir müssen in uns selbst ganz sein. Nichiren lehrt, dass Einzelne, die im Widerspruch mit sich selbst stehen, mit Sicherheit scheitern, während eine gewaltige Zahl an Menschen ein gemeinsames Ziel erreichen können, wenn sie vereint handeln.

Innerlich ganz zu werden und sich dann für das Allgemeinwohl mit anderen zu vereinen ist der Sinn der Worte, die ich für meine spirituelle Botschaft in »Buddhist and Christian Prayers« ausgewählt habe.

In diesem gesprochenen Text, bei dem meine Stimme und beruhigende Musik sich verflechten, rufe ich alle auf zu singen. Natürlich weiß ich, dass manche denken werden: »Tina, ich kann doch nicht singen! Sing du lieber, und ich hör dir einfach zu.« Aber wenn ich vom Singen spreche, meine ich nicht unbedingt die Stimme, die du verwendest, um ein Lied zu singen. Es geht mir um den Moment, in dem du feststellst, dass ein Ton aus deinem Innern, deinem Herzen kommt.

Dabei fällt mir meine Großmutter Mama Georgie ein. Wenn sie in ihrem Schaukelstuhl saß, gab sie ein tiefes, summendes Geräusch von sich: »Hummm.« Während sie summte, setzte sie mich auf ihren Schoß, und ich genoss es immer, ihr zuzuhören. Ein Lied war es nie, nur ein summender Ton. Ich glaube, es war der Gesang ihrer Seele.

Manchmal sprach sie über ihre Großeltern und ihre Urgroßeltern, die teilweise von amerikanischen Ureinwohnern abstammten, und über die Geschichten, die sie ihr über Flüsse erzählt hatten. Vielleicht hatten sie ihr auch beigebracht, auf das Lied ihres Herzens zu hören und es erklingen zu lassen.

»Hummm.«

Abends saß ich für mein Leben gern auf Mama Georgies Schoß, lauschte ihrem Summen und blickte zu den Sternen hinauf. In der Ferne hörte ich das Zirpen der Zikaden und das Quaken der Frösche, und obwohl ich es als Kind nicht hätte ausdrücken können, erkannte ich, dass es auf irgendeiner Ebene ein Summen gab, eine Frequenz, ein Vibrieren in der ganzen Mutter Natur, im Universum. Als ich älter wurde und mit meiner buddhistischen Praxis begann, erinnerten mich die Töne und das Vibrieren von Nam-Myoho-Renge-Kyo an jenes Summen von Mama Georgie und der Natur.

Wenn ich dich also bitte zu singen, dann bitte ich dich darum, auch in dir jenes einzigartige Lied, deinen eigenen Ton zu finden. Vielleicht stellst du fest, dass es einfach ein »Huaaa« ist, etwas im Falsett oder dein eigenes Summen. Jeder Ton, der aus deinem Herzen kommt, ist dein ureigenes Herzenslied.

Singen bringt, wie ich glaube, unsere höheren Lebenszustände zum Vorschein und trägt dazu bei, unsere Umgebung aufzuhellen. Singen hilft uns dabei, uns unglaublich glücklich zu fühlen, es öffnet einen Strom der Freude aus unserem Innern, der immun gegenüber äußere Umstände ist.

Es macht keinen Unterschied, ob du gut singen kannst und das absolute Gehör hast oder ob du dir keine Melodie merken kannst. Egal, welche Töne oder Lieder du gern singst, lass sie heraus und spür, wie deine Seele sich in die Höhe schwingt!

Verbinde dich mit *Beyond Music:*

Scanne die QR-Codes, um zur Website und zum YouTube-Kanal von **Beyond** zu gelangen.

Hier geht's zur Playlist der zu den Kapiteln ausgewählten Songs und zur Landingpage:

8
Heimkehr

In der Geborgenheit meines Hauses am Zürichsee stieg ich die Treppe zu meinem Gebetszimmer im Obergeschoss hinauf und setzte mich an meinen Butsudan, den schön geschnitzten Holzaltar, vor dem ich jeden Tag mit Freude chante.

An diesem Tag, dem 13. Oktober 2019, breitete sich ein wunderschöner blauer Herbsthimmel mit kleinen weißen Wölkchen aus. Durchs Fenster sah ich, dass das Laub der Bäume von seinem einförmigen Sommergrün in leuchtende Gold-, Rot- und Brauntöne überging.

Dieser besondere Raum ist der Ort, an dem ich mich in der spirituellen Arbeit übe, die verworrenen Fäden meines Karmas zu lösen und sie in den Teppich meines Lebenszwecks einzuweben.

Während ich vor Beginn meiner Morgengebete die Kerzen anzündete, wie jeden Tag seit dem Jahre 1973, spürte ich, wie Energie meinen Körper durchströmte. Mein Lebenszustand stieg aus der Quelle meiner Buddha-Natur auf. Der Klang meines Chantens hallte in meinen Chakren wider, versetzte die Räder in den Energiezentren meines Körpers in Drehung und drückte die Schwingungen meiner Seele in Vergangenheit, Gegenwart und Zukunft aus.

Ich stimmte mich auf den göttlichen Rhythmus des Universums ein.

Während ich betete, dachte ich an das Broadway-Musical über mein Leben, dessen Voraufführungen am Abend vorher begonnen hatten. In wenigen Wochen sollte ich mit Erwin nach New York zur offiziellen Eröffnungsgala fliegen. Etwas später würde ich meinen achtzigsten Geburtstag feiern.

Seit Anfang des Jahres 2019 hatte ich es genossen, den Leuten zu erzählen, dass ich achtzig wurde. Das wollte zuerst niemand glauben. Vielleicht war man allerdings auch einfach nett zu mir! Jedenfalls hörte ich mich gern das Wort »achtzig« aussprechen, weil ein Teil von mir sich fragte, ob ich es überhaupt bis dorthin schaffen würde, während ein anderer überlegte, wie ich wohl sein würde, wenn es so weit war.

Ich freue mich, sagen zu können, dass ich dank meinem geliebten Mann Erwin, der mir eine Niere gespendet und damit das Leben gerettet hat, bei guter Gesundheit bin und jeden Tag genieße.

Dankbar bin ich auch dafür, dass ich nicht nur überlebt, sondern mich gut erholt habe, sodass ich dieses Buch für dich schreiben kann. Es enthält wertvolle Gaben, die ich erhalten habe – die größten Gaben, die ich weitergeben kann.

Da es bei so vielen meiner spirituellen Erfahrungen darum ging, klar zu sehen, ist es für mich von besonderer Bedeutung, dass dieses Buch im Jahr 2020 veröffentlicht wird. Für mich ist es das Jahr, klar zu sehen.

Nachdem ich meine Morgengebete abgeschlossen hatte, setzte ich mich zu Erwin. Es gab ein leichtes spätes Frühstück aus Bananen-, Melonen- und Kiwistücken, dazu Schwarzbrot, das ich besonders gern esse. Wir unterhielten uns über die Premiere am Broadway, auf die wir uns schon lange freuten.

Bei unserem Gespräch über das Musical kam mir einer meiner Lieblingssprüche in den Sinn: »Ein Szenenwechsel ändert nichts am Text.« Abseits vom Theaterjargon bedeutet das: Wenn du deine Situation verbessern willst, ist es zwecklos, deine Umgebung zu ändern, bevor du dich selbst verändert hast. Anders gesagt, kannst du vor deinem Karma zwar davonlaufen, aber wenn du dich nicht geändert hast, kannst du dich nicht davor verstecken.

Jahrelang ist es mir schwergefallen zu erklären, wieso ich auch dann, als ich bereits mit der buddhistischen Praxis begonnen hatte, in meiner ersten Ehe geblieben bin. Das würde ich gern erklären.

Ich habe damals gespürt, dass es nicht zu einer bleibenden Veränderung führen würde, wenn ich wegliefe, bevor ich genügend innere Stärke aufgebaut hatte, um mich von meinen negativen Mustern zu befreien. Obwohl ich dafür Zeit brauchen würde, musste ich mich von innen her retten. Erst dann würde es mir helfen, die Szene zu wechseln.

Nachdem Erwin und ich mit dem Frühstück fertig waren, erfuhren wir von den Produzenten des Musicals in New York City, dass die erste Voraufführung ein großer Erfolg gewesen war. Dankbar wandte ich meine Aufmerksamkeit dem verbliebenen Tag zu.

Nachdem ich mein Obst aufgegessen hatte, überlegte ich – ehrlich gesagt – schon, was ich zum Abendessen wollte. Ich war noch nicht mal vom Tisch aufgestanden, als ich dachte: *Vielleicht mache ich Pasta mit einer schönen Knoblauchsoße, Gemüse und Salat.*

Ich liebe die einfachen Dinge des Lebens, zum Beispiel frisches Gemüse. Das ist ein Teil der Herzensgüte, die ich mir seit meinen frühesten Tagen als Mädchen vom Lande erhalten habe. Mag sein, dass ich jetzt wie eine Grande Dame wirke, aber ich sehe mich immer noch als Anna Mae.

In meiner Kindheit haben wir nie etwas vergeudet, vor allem keine Nahrungsmittel. Wir arbeiteten so hart, unser Essen anzubauen, dass wir es mit Respekt behandelten. Ich glaube, wenn die Leute mehr über die Ressourcen und Mühen wüssten, die für die Erzeugung des Essens auf ihrem Tisch nötig waren, würden sie nie auch nur einen Bissen vergeuden.

Wir müssen Mutter Erde ehren, indem wir Wertschätzung für ihre Ressourcen empfinden.

Alles hat Wert. Erhalte dir daher immer den Wert deiner Erfahrungen, auch das, was du aus den negativen lernst.

Wenn ich von einem Wert spreche, meine ich alles, was dein Leben bereichert oder deinem Wachstum dient. Das kann Wissen sein, das du durch eine Erfahrung gewonnen hast, oder eine beflügelnde Erinnerung an etwas, was du schätzt. Wenn es sich um eine negative Situation oder eine Auseinandersetzung handelt, die du lieber vergessen würdest, kannst du – selbst wenn du keinerlei Wert darin siehst – den Entschluss fassen, dich nie so zu verhalten wie die unangenehmen Leute, mit denen du es zu tun hattest. Das ist ein Wert an sich.

Das Recht, meinen Namen Tina Turner zu verwenden, war der Wert, den ich aus meiner ersten Ehe behalten habe, als ich alles andere zurückließ. Nachdem ich zwei Jahre vor Gericht mit meinem Ex-Mann darum gefeilscht hatte, wer bei der Scheidung was bekommen würde, hatte ich eine plötzliche Eingebung. Beim Chanten sagte meine innere Stimme: *Lass alles los, was mit ihm zu tun hat. Lass die Vergangenheit los. Überlass ihm alles. Mach reinen Tisch, und fang von vorn an.*

Die Welt hat genug für jedermanns Bedürfnisse,
aber nicht für jedermanns Gier.
Mahatma Gandhi

Der Frieden ist untrennbar verbunden
mit unserer Liebe und unserem Respekt
für Mutter Erde.
Coretta Scott King

Das Gewebe des Lebens
wurde nicht von der Menschheit erschaffen.
Wir sind nur ein Faden darin.
Alles, was wir diesem Gewebe antun,
tun wir uns selbst an.
Alles ist miteinander verknüpft.
Alles ist verbunden.
Häuptling Seattle

Deshalb erklärte ich dem Richter, ich wolle meine Scheidungsklage ändern. Ich wollte nichts mehr haben außer meinem Künstlernamen; ich hatte zu hart gearbeitet, um den zu verlieren. Und ich bekam ihn.

Damit will ich nicht sagen, dass ich je meine persönliche Identität mit meinem beruflichen Ich verwechselt hätte. Ich weiß, dass ich nicht identisch mit meinem Beruf bin, und diese Klarheit hat dafür gesorgt, dass ich geerdet, zentriert und geistig gesund geblieben bin.

Anna Mae wirft den Zaubermantel von Tina Turner über, um die Welt zu unterhalten und zu inspirieren. Ich ehre und respektiere sowohl mein öffentliches Ich wie die Person, die ich zu Hause bin. Aber letztendlich ist mir klar, dass meine wahrste Identität mein größeres Selbst ist, jener Teil von mir, der mein Leben mit Mitgefühl erfüllt und mit dem Wunsch, Hoffnung zu verbreiten.

Es ist, glaube ich, für uns alle wichtig zu verstehen, was der Unterschied zwischen unserer Rolle in der Welt und unserem wahren Selbst ist. Je nach unseren äußeren Umständen schlüpfen wir zu unterschiedlichen Zeiten in verschiedene Rollen. Aber ich hoffe, du wirst dich daran erinnern, dass du immer mehr darstellst, als eine bestimmte Rolle ausdrücken könnte.

Meinen Künstlernamen Tina Turner zu behalten war ein Triumph für mich, auch wenn sich das nicht sofort auszahlte. Auf der materiellen Ebene besaß ich fast gar nichts – zwei Autos und einen Haufen Schulden –, doch auf der spirituellen Ebene hatte ich das Gefühl, die ganze Welt zu besitzen.

Ich hatte meine Unabhängigkeit. Für mich war das alles, was zählte.

Es gab Momente, in denen ich mir die Augen ausweinte,

während ich chantete und für meine Zukunft betete, aber doch dankbar war, einfach am Leben zu sein. Ich begann, mich selbst und mein Leben zu lieben, obwohl ich (noch) nichts vorzuweisen hatte.

Die kleine Anne Mae hatte sich endlich gefunden, und es war eine wunderschöne Heimkehr. Was könnte wertvoller sein als das?

Damit will ich nicht sagen, dass alles glattlief. Obwohl ich so viel Freude und Freiheit spürte wie nie zuvor, brauchte es eine Menge Arbeit, das Leben zu erschaffen, das ich wollte – samt Blut, Schweiß und Tränen sozusagen.

Während ich mich gegen den rauen Wind von Gerichtsverfahren, Schulden und Familiendramen stemmte und scheinbar unerreichbaren Karrierezielen hinterherjagte, stellte ich der dröhnenden Unmöglichkeit mein kraftvolles Nam-Myoho-Renge-Kyo entgegen.

Bei diesem intensiven spirituellen Kampf rief ich meine tiefste innere Weisheit zu Hilfe, und plötzlich war der Kampf eines Tages vorüber. Ich ließ alle Zweifel und alle Gedanken an Einschränkungen los. Ich ließ los, was mein geringeres Selbst als möglich oder unmöglich bezeichnete.

Damit hatte ich den wichtigsten Kampf überhaupt gewonnen. Zum ersten Mal im Leben sah ich mich mit absoluter Klarheit. Welch eine Erleichterung und Freiheit das doch war! Obwohl mir vieles, was ich sah, nicht gefiel, wusste ich, dass ich es ändern konnte. Das war eine Erkenntnis, die mir Hoffnung und Kraft gab. Ich war jetzt selbst Drehbuchautorin, Regisseurin und Produzentin meines Lebens.

An meiner Umgebung hatte sich nicht viel geändert, zumindest nicht an der Oberfläche, aber sobald ich meinen inneren spirituellen Kampf gewonnen hatte, wusste ich, dass es nur eine Frage der Zeit war, dass sich die Veränderungen auch in meiner äußeren Welt zeigen würden.

Außerdem wurde mir klar, dass ich bereit sein musste, meine Komfortzone zu verlassen, um wirklich fliegen zu können, so wie Vögel den Zweig, auf dem sie sitzen, loslassen müssen, um sich in den Himmel zu schwingen.

Über lange Zeit hinweg – länger, als es mir lieb war und als ich es mir hätte vorstellen können – ertrug ich Schwierigkeiten, bis ich sie in verwirklichte Träume verwandeln konnte. Aber ich bin froh, dass ich nie aufgegeben und mich immer um das bemüht habe, was ich wollte, für mich selbst und im Hinblick auf das, was ich für andere tun konnte. Das hat meine Siege noch bedeutsamer gemacht.

Wenn ich auf mein Leben zurückblicke, sehe ich, dass ich in mancher Hinsicht länger gebraucht habe zu wachsen, weil ich durch eine chaotische Kindheit belastet war. Ich war eindeutig das, was man als eine »Spätentwicklerin« bezeichnet.

Während ich mich nach meinem Schlaganfall mit der Funktion und der Entwicklung des Gehirns beschäftigte, erfuhr ich, dass sich die Synapsen im Gehirn nicht optimal bilden, wenn man in einer von chronischer Instabilität und Dysfunktion geprägten Umgebung aufwächst. Vielleicht ist das einer der Nachteile, die ich am Anfang hatte, und einer der Gründe für mein spätes Reifen.

Aber unabhängig davon, was die Ursache eines Nachteils im Leben ist, es kommt nur darauf an, was wir damit anfangen und wie wir von diesem Moment an leben.

Egal, in welchem Stadium deiner Entwicklung du dich jetzt befindest, beweg dich immer vorwärts wie ein mächtiger Strom, immer nach vorn.

Nun, da mein eigener Strom schon mehr als achtzig Jahre

dahinfließt, fühle ich mich im Herzen jünger denn je. Meine spirituelle Praxis bringt mich dazu, jeden Tag mit der Wahrnehmung des gegenwärtigen Moments zu leben, und erinnert mich daran, die Zukunft im Blick zu haben. Nach meinen ganzen gesundheitlichen Problemen kommt mir jeder Tag wie ein zusätzlicher Segen und wie ein weiteres Sahnehäubchen auf dem Kuchen meines Lebens vor.

Ich erinnere mich gern daran, dass es nicht unbedingt dasselbe sein muss, alt zu werden und zu altern. Hermann Hesse hat gesagt, je mehr wir reifen, desto jünger werden wir. Was für eine schöne Vorstellung!

Wie alt du auch bist – ich hoffe, dass du immer jünger werden und vorwärtsgehen wirst, während du reifst.

Wenn du in eine Sackgasse gerätst und nicht recht weißt, wie du weitergehen sollst, finde einen Bereich in deinem Leben, in dem du einen Schritt tun kannst, um dich zu verbessern und vorwärtszukommen, selbst wenn dieser Schritt ganz winzig ist.

Warte nicht, bis du meinst, du könntest etwas gut genug tun, bevor du auf unbekanntes Terrain vorstößt. Wenn wir alle warteten, bis wir genügend Talent oder Erfahrung zu haben glauben, eine neue Herausforderung anzunehmen, würden wir nie etwas zustande bringen.

Als meine Söhne klein waren, planschten sie gern im Wasser, weshalb ich einen Schwimmlehrer für sie besorgte. Aber stell dir vor, sie hätten sich geweigert, sich ins Becken zu wagen, bevor sie schwimmen gelernt hätten. Dann hätten sie sehr lange warten müssen und wären nie besonders gute Schwimmer geworden.

Schwimmen lernt man, indem man sich ins Wasser stürzt und die entsprechenden Bewegungen übt, unterstützt von jemandem, der einem zeigt, wie man oben bleibt und schließlich mit Leichtigkeit durchs Wasser gleitet.

Falls es irgendeine Vorwärtsbewegung geben sollte, die du aufgeschoben hast, weil du meinst, du wärst nicht gut genug, damit anzufangen – nur los, spring rein!

Unsere menschliche Revolution verwirklichen wir in unserem jeweils eigenen Tempo. Meine größten Verwandlungen haben sich relativ spät in meinem Leben ereignet. Der persönliche Fortschritt ist kein Wettrennen; lass dir daher Zeit und geh so vor, wie es zu dir passt.

Denk immer daran, dass deine Geschichte nicht dasselbe ist wie deine Identität. Wir haben jeden Tag die Chance, uns neu zu erschaffen und wieder anzufangen.

Mein Erfolg als Solokünstlerin ist erst nach vielen Anpassungen und schwer erkämpften Siegen eingetreten – nichts war einfach –, und er hat lange auf sich warten lassen. Aber als der Durchbruch kam, war er fulminant. Urplötzlich, scheinbar über Nacht, war Tina Turner überall. Im Radio, auf MTV, in Talkshows, in »Mad Max – Jenseits der Donnerkuppel«, bei Stadionkonzerten, in Zeitschriften und in der Wartezimmermusik beim Zahnarzt.

Wie ein Vulkanausbruch waren meine Durchbrüche das Ergebnis einer gewaltigen Menge Energie, die sich über einen langen Zeitraum hinweg aufgebaut hatte. Das geschah durch hauptsächlich private Aktivitäten wie meine Vorbereitung spät am Abend, mein Chanten, meine Lektüre und durch Momente einer aufrichtigen Selbstbetrachtung. Dabei hatte ich immer einen Spruch von Nichiren im Herzen: »Wo unsichtbare Tugend vorhanden ist, wird es sichtbare Belohnung geben.«

Ändere dein Leben heute.
Verlasse dich nicht auf die Zukunft,
handle jetzt, ohne zu zögern.
Simone de Beauvoir

Was du auch tun oder dir erträumen kannst,
fang damit an.
Kühnheit besitzt Genie, Macht und Magie.
Fang jetzt damit an.
William Hutchison Murray

Es ist gut, ein Ziel zu haben, zu dem man unterwegs ist,
aber letzten Endes ist es die Reise, auf die es ankommt.
Ursula K. Le Guin

Die größte sichtbare Belohnung meiner Arbeit hinter den Kulissen war es, dass ich in meiner Laufbahn live vor vielen Millionen Menschen auftreten durfte.

Das war etwas, wofür ich betete und was ich mir immer wieder bildlich vorstellte. Ich wollte mit meiner Musik und meinen Konzerten das Herz von so vielen Menschen wie möglich berühren. Vorgestellt habe ich mir auch, mehrere Grammys zu gewinnen, was unter anderem mit »Private Dancer« als Album des Jahres wahr wurde.

Ich werde ganz wehmütig, wenn ich jetzt daran denke, aber auch wenn ich mich an die weit zurückliegenden Tage in meinen Dreißigern und Vierzigern erinnere, als ich mir meinen zukünftigen Ehemann und unser gemeinsames Heim vorstellte. Als ich heute Morgen mit Erwin beim Frühstück saß, hatte ich ein Déjà-vu, und mir wurde klar, dass unsere Liebe und unser Heim genauso sind, wie ich es mir vor so langer Zeit erträumt hatte.

Unser Haus am Zürichsee ist nicht weit von Wiesen entfernt, die mich an Nutbush erinnern. Das ist einer der Gründe, weshalb es mir in der Schweiz immer gut gefallen hat. Es ist schwer in Worte zu fassen, aber irgendwie umfängt Mutter Natur mich hier mit einer Liebe, die zugleich von außen und innen kommt. Dieses stärkende Gefühl war das Thema des 2014 erschienenen Albums von *Beyond*, das den Titel »Love Within« trägt.

Ich war die Tochter einer Frau, die mich nicht wollte. Die Zurückweisung durch meine Mutter brachte mich später im Leben dazu, an ungesunden Orten Liebe zu suchen, ein fruchtloses Unterfangen, das mein Selbstbild und meinen Lebenszustand so niedrig hielt, dass ich ein irrsinniges Maß an Übergriffen anzog und zuließ.

Die Heilung durch meine spirituelle Praxis war meine Botschaft in »Love Within«. Egal, ob wir die fürsorgliche Liebe einer Mutter oder einer anderen Elternfigur empfangen haben oder nicht, als Erwachsene können wir jene stärkende Quelle von Liebe für uns selbst werden.

In unserem Innern diese »mütterliche Liebe« zu finden hat eine gewaltige heilende Kraft und fördert unsere Fähigkeit, uns selbst und anderen zu vergeben.

Dass ich Liebe zu mir selbst entfalte und das Licht meiner Buddha-Natur entdeckt habe, war der entscheidende Schritt für mich, meine Lebensreise anzunehmen, mit all meinen Fehlern und Unzulänglichkeiten. So habe ich mein wahres Selbst gefunden.

Indem ich mich selbst fand, entdeckte ich, dass ich einen Schlüssel in mir trage, genau wie du.

Du bist genauso fähig wie ich, dich selbst zu lieben und Zugang zu deiner Buddha-Natur zu finden. Ob du es bewusst wahrnimmst oder nicht, wir tragen alle den Schlüssel in uns, mit dem wir das Tor zu unserer eigenen Rettung und unseren Träumen aufschließen können.

Das »buddhavolle« Licht in unserem Herzen und unserem Geist kann alles anziehen, was wir zu einem bleibenden Glück brauchen; wir müssen es nur aufdecken. Wenn wir das tun, erkennen wir, dass jede Veränderung, die wir uns außerhalb von uns wünschen, mit einer Veränderung in unserem Innern beginnt.

Zu unserem wahren Selbst heimzukehren braucht womöglich Zeit, aber nach einer Volksweisheit ist Geduld eine Tugend. Ich muss sagen: Wenn ich eine Tugend im Überfluss besitze, ist das Geduld. Dafür bin ich dankbar, und ich weiß, dass das von meiner spirituellen Praxis herrührt.

In den buddhistischen Schriften lautet ein anderer Name für einen Buddha »jemand, der erdulden kann«. Was für Herausforderungen du auch erduldest, denk mit Stolz daran, dass du damit ein edles Merkmal der Buddhaschaft verkörperst.

»Verletzte Menschen verletzen Menschen«, heißt es. Wenn man dich verletzt hat, musst du dich selbst heilen, sonst verletzt du jemand anderen (oder dich selbst noch mehr). Ich hege keinerlei Zweifel, dass Ike zu diesen »verletzten Menschen« gehörte, dennoch brauchte ich nach meiner Scheidung lange Jahre, um so etwas wie Mitgefühl für ihn zu empfinden. Schließlich akzeptierte ich jedoch die Tatsache, dass er innerlich wohl unter höllischen Qualen gelitten haben muss, um mich und unsere Kinder derart zu misshandeln.

Dank vieler Jahre des Chantens und der Heilung war ich in der Lage, ihm zu vergeben.

Über Vergebung habe ich bisher nur selten öffentlich gesprochen. Manchmal wird es falsch verstanden, wenn ich sage, ich habe den Menschen vergeben, die mir in meinem Leben Schmerzen zugefügt hatten. Einem Menschen seine Verfehlungen zu vergeben heißt nicht, dass man sein negatives Handeln entschuldigen oder dulden würde. Das Gesetz von Ursache und Wirkung ist streng, und niemand kann den Auswirkungen seines Handelns entgehen, ob man ihm nun vergibt oder nicht.

Ich habe mir zu Herzen genommen, wie wichtig es ist, zu vergeben und über mich selbst nachzudenken, statt jemandem Vorwürfe zu machen. Hauptsächlich habe ich das um meiner selbst willen getan, weil ich erkannte, dass ich selbst

Herausforderungen bringen dich dazu,
Dinge über dich zu entdecken,
die du nicht kanntest.
Sie sind es, die dein Instrumentarium erweitern
und dich dazu bringen,
über die Norm hinauszugehen.
Cicely Tyson

Beurteilt wirst du nicht nach der Höhe,
in die du dich erhoben hast,
sondern nach der Tiefe, in die du hinabgestiegen bist.
Frederick Douglass

Eines der größten Geschenke,
die du dir machen kannst,
ist es, zu vergeben.
Maya Angelou

die einzige Person bin, der es schadet, wenn ich mich an Schmerzen aus der Vergangenheit festklammere.

Auch wenn wir uns in der Gesellschaft gegen Verfehlungen und Ungerechtigkeiten wehren, müssen wir im Herzen Frieden, Liebe und Vergebung bewahren, um unsere spirituellen Kräfte zu vermehren. Nur wenn wir den Kreislauf der Negativität durchbrechen, können wir uns selbst und anderen helfen, die Lage zu verbessern.

Groll und Ärger zu empfinden, Vergeltung für das zu wollen, was andere getan haben, an irgendeinem Teil der negativen Erfahrungen anzuhaften, die andere uns zugefügt haben – das sind die schweren Ketten, mit denen die Negativität sich an uns fesselt.

Weshalb sollte man so etwas wollen?

Die befreiende Haltung, zu vergeben und über uns selbst nachzudenken, können wir auf jede Erfahrung in unserem Alltag anwenden, nicht nur auf schwerwiegende Traumata. Immer wenn wir genervt, aufgebracht oder verärgert sind, sollten wir an die Ablagerungen in unserem Innern denken, von denen im vierten Kapitel die Rede war. Dann sollten wir uns fragen, ob wir diese »Sedimente« und unseren Groll vermehren oder verringern wollen. Entschließen wir uns für Letzteres, was hoffentlich immer der Fall ist, besteht der nächste Schritt darin, das Geschehene als Gelegenheit zu nutzen, Weisheit und Mitgefühl in uns zu stärken, die Negativität loszulassen und unser Karma zu reinigen.

Sobald ich anfing, unangenehme Situationen als Gelegenheit zur Veränderung zu betrachten, wurden die karmischen Muster, die mich zuvor gequält hatten, immer schwächer. Ich hatte die allgemeingültige Lehre gezogen, dass es den Schmerz nur verlängert und von Neuem weckt, wenn man daran festhält, anderen die Schuld zu geben.

Indem ich Verantwortung dafür übernahm, dass ich womöglich zu einer negativen Erfahrung beigetragen hatte, ließ ich diese Erfahrung los und konnte mich für immer davon befreien. So gelang es mir, die Wunden in meinem Herzen zu heilen, und das mit einem beharrlichen Mitgefühl für mich selbst und für andere.

Wenn wir uns selbst heilen, können wir auch unseren Kindern und Enkeln helfen, innerlich heil und gesund zu sein, sobald sie ihre eigene Reise durchs Leben beginnen. Seit zehn Jahren arbeite ich an Workshops für Kinder mit unterschiedlichem familiärem Hintergrund mit. Ich vermittle ihnen die Botschaft, dass sie eine kraftvolle innere Welt haben, die eine Wirkung auf die äußere Welt haben kann.

Bei diesen Workshops erkläre ich, was ich gern selbst als Kind gelernt hätte – dass wir positive und negative Lebenszustände in uns tragen und dass es an uns liegt, Entscheidungen zugunsten unserer positiven Seite zu treffen, damit wir glücklich werden können. Die Essenz dieser Arbeit findet sich in dem Album »Children Beyond«, auf das Eltern aus der ganzen Welt sehr positiv reagiert haben. Sie nutzen es, um ihren Kindern Respekt vor allen Religionen und die Idee interreligiöser Einheit zu vermitteln.

Wenn ich an Kinder denke, kommen mir meine geliebten Söhne in den Sinn. Meinen Sohn Craig habe ich im Sommer 2018 verloren, während ich mit Erwin in Paris war, um unseren Hochzeitstag zu feiern und an einer Modenschau unseres Freundes Giorgio Armani teilzunehmen. Nach der Veranstaltung war ich erschöpft und wollte gerade ins Bett gehen, als Erwin eine dringende Nachricht aus Los Angeles bekam. Wir erfuhren, dass Craig Suizid begangen hatte.

Das ist jetzt beinah zwei Jahre her, aber ich vermisse Craig so sehr wie eh und je. Mein jüngster Sohn Ronnie und ich wissen besser als jeder andere, dass Craig eine tiefe Einsamkeit empfand, die wohl mit einer klinischen Depression verbunden war. Er hatte wunderbare Freunde und eine enge Beziehung zu seinem jüngeren Bruder und seiner Schwägerin, litt jedoch trotzdem schweigend. Erst durch seinen plötzlichen Tod begriff ich, dass er unter schweren psychischen Problemen litt, mit denen er nicht allein hatte umgehen können.

Traurigerweise haftet psychischen Problemen immer noch ein Stigma an, das die Betroffenen oft davon abhält, Hilfe zu suchen. Das gilt offenbar besonders für Männer, und ich glaube, für schwarze Männer wie meinen Sohn ist es noch schlimmer. Seit Craig erwachsen war, griff er meist zum Alkohol, um mit seinen Problemen umzugehen, was die Lage nur noch verschärfte; und wir sind sicher, dass Alkohol eine Rolle bei seinem Tod spielte.

Ende Juli 2018 feierten wir Craigs Leben mit zwei wunderschönen Gedenkveranstaltungen, einer für Verwandte und enge Freunde und einer für die Öffentlichkeit. Beide waren ein Tribut an all das Gute, das er mit der Welt teilte, an seine Freundlichkeit, seinen Humor, seine Aufrichtigkeit und seine vielen Talente (zum Beispiel war er ein phantastischer Koch). Wir werden Craig immer vermissen.

Eine der Botschaften, die wir damals zum Gedenken an Craig verbreiteten, möchte ich jetzt auch dir nahebringen.

Wenn du an psychischen Problemen leidest, such bitte Hilfe. Falls jemand, den du kennst, betroffen ist, so sag ihm das.

Die schrecklichste Armut ist Einsamkeit …
Körperliche Erkrankungen kann man
mit Medizin heilen,
aber das einzige Heilmittel
für Einsamkeit, Verzweiflung
und Hoffnungslosigkeit
ist Liebe.
Mutter Teresa

Die schlimmste Einsamkeit ist es,
sich in sich selbst nicht wohlzufühlen.
Mark Twain

Du musst wissen, dass deine wahre Heimat
in deinem Innern ist.
Quincy Jones

Mit psychischen Problemen verhält es sich ebenso wie mit körperlichen Erkrankungen – beides braucht Aufmerksamkeit und Behandlung. Wenn du dir den Arm brichst, hohes Fieber hast, Diabetes bekommst oder ein anderes gesundheitliches Problem hast, gehst du zum Arzt. Du leidest nicht in aller Stille und versuchst, allein damit umzugehen. Psychische Probleme sind mindestens genauso schwerwiegend und erfordern professionelle Hilfe.

Ich bin nicht sicher, ob Craigs Einsamkeit und seine damit verbundenen Probleme durch den Einfluss der sozialen Medien und durch Telefonsucht verschlimmert wurden. Aber seit seinem Tod fallen mir immer wieder Berichte über eine Epidemie der Einsamkeit ins Auge, vor allem unter jungen Menschen. Wer jetzt Teenager oder in seinen Zwanzigern ist, gehört offenbar zu einer Generation, die einsamer ist als selbst die älteste lebende Generation, zu der ich gehöre. Und die ist normalerweise von einem sehr hohen Grad an akuter Einsamkeit geprägt.

Das überrascht mich nicht, denn überall, wo ich hinkomme, sehe ich, wie die Leute auf ihr Smartphone starren und alle um sie herum ignorieren oder gar nicht wahrnehmen. Irgendwann haben die Worte Freundin und Freund ihre eigentliche Bedeutung verloren und schließen jetzt Leute ein, die man kaum kennt und mit denen man nur online kommuniziert.

Obwohl die sozialen Medien ursprünglich vielleicht wirklich eine soziale Aktivität darstellten, habe ich den Eindruck, dass inzwischen weitgehend »antisoziale Medien« daraus geworden sind. Am meisten leiden eindeutig die jüngeren Generationen an dieser neuen Realität. Ich fürchte, sie ist ein Symptom dafür, dass unsere technische Evolution schneller verläuft als unsere spirituelle Evolution.

Als ich in der sechsten Klasse war, besaßen weniger als zehn Prozent aller Haushalte in den Vereinigten Staaten einen Fernseher. »Den Massenmedien ausgesetzt« war ich nur durch das Radio und gelegentliche Kinobesuche. Heute haben Milliarden Menschen ständig Zugang zu Fernsehen, Filmen und einer praktisch unbegrenzten Menge an Informationen (oder Desinformationen). Das macht mir Sorge.

Versteh mich nicht falsch. Wie wir alle lese ich gern die Kommentare in meinen Internetauftritten. Aber ich weiß auch, dass online allerhand schädliche Dinge kursieren, und in der virtuellen Welt sind viele Leute nicht so nett zueinander, wie meine Fans es zu mir sind.

Verfälschte Darstellungen, wie sie im Internet weit verbreitet sind – mit manipulierten Bildern und einer selektiven Konzentration auf Leute, die ein scheinbar sorgloses, »perfektes« Leben genießen –, haben einen ungesunden Einfluss auf den Geist vor allem junger Menschen. Angesichts der Prioritäten, die heute online gelten, und des Zustands der Medien im Allgemeinen überrascht es nicht, wenn viele meinen, es sei das Wichtigste auf der Welt, zum Milliardär zu werden. Und es ist kein Wunder, wenn viele sich zunehmend abgetrennt und einsam fühlen.

Was wir jetzt in Wirklichkeit am meisten brauchen, sind zahllose Milliardäre des Herzens, Meister des Geistes und Vorbilder für Frieden, Gleichheit und Einheit in Vielheit. Das müssen junge Menschen meiner Meinung nach zu sehen bekommen.

Ich hoffe, dass die verschiedenen technischen Gifte, denen die Gesellschaft ausgesetzt ist, in naher Zukunft irgendwie in heilsame Medizin umgewandelt werden können.

Im Moment ist es die beste Lösung, einfach weniger Zeit mit unseren Smartphones, Tablets und Computern zu verbringen und mehr Zeit miteinander, mit echten Menschen, persönlich und von Herz zu Herz. Wenn ich mit Erwin zu Hause bin, achten wir darauf, dass wir beim Essen nicht von unseren Handys gestört werden. Schuld sind allerdings nicht nur technische Geräte. Zum Beispiel fällt es mir oft schwer, mich von dem Buch loszureißen, das ich gerade lese – was du bestimmt verstehen wirst, wenn du genauso gern liest wie ich. Trotzdem wehre ich mich dagegen, denn kein Roman lässt sich damit vergleichen, Zeit mit meinem geliebten Partner zu verbringen.

Ich weiß, dass niemand gern über den Tod nachdenkt, aber da ich immer wieder mit meiner eigenen Sterblichkeit konfrontiert war, ist mir nur allzu bewusst, dass das Leben kurz ist und jeden Augenblick enden kann. Daher gehört es zu meiner spirituellen Praxis, mir immer vor Augen zu halten, dass wir nur für begrenzte Zeit hier auf der Erde sind und zum Wohle aller das Beste daraus machen müssen.

Will ich die wertvolle Zeit, die mir – oder den Menschen, die ich liebe – noch bleibt, damit verbringen, auf einen Bildschirm zu starren? Sobald diese Zeit vorüber ist, ist sie für immer dahin, und ich will sie nicht vergeudet haben.

Falls es dir also schwerfallen sollte, dich von deinen Bildschirmen abzunabeln, um direkt mit den Menschen in deinem Leben umzugehen, denk doch mal über die Tatsache nach, dass du nie wissen kannst, wie lange du und alle, die du liebst, noch da sein werden. Das wird dir helfen, mit dieser Gewohnheit zu brechen – versprochen.

Wenn wir uns von unseren Bildschirmen lösen, haben wir nicht nur mehr Zeit, von Herz zu Herz mit geliebten

Menschen umzugehen. Es eröffnen sich auch Möglichkeiten, mit Fremden auf der Straße oder im Café zu sprechen und dadurch neue Freunde zu finden. Es ist wichtig, die Blase, in der wir uns befinden, zu verlassen und Menschen unterschiedlicher Herkunft kennenzulernen. Das öffnet uns füreinander und verhindert, dass wir gleichsam in einer Echokammer stecken, in der wir nur die eigene Meinung hören.

Wir müssen dazu beitragen, dass sich zwischen den Herzen der Menschen keine Barrieren aufbauen. Wir müssen uns gegen den Trend stemmen, dass Nachbarn sich nicht mehr kennen, während sie zugleich ein Gefühl der gemeinsamen Identität mit Leuten ganz woanders suchen, womöglich sogar in einem anderen Land. Dadurch bleiben sie in ethnischen, religiösen oder nationalen Schubladen stecken, und es entsteht eine untragbare Zersplitterung der Gesellschaft.

Unsere Identität hat immer eine ganze Reihe an Aspekten. Zum Beispiel war ich in diesem Leben vieles: Tochter, Schwester, Baptistin, Sängerin, Amerikanerin, Mutter, Buddhistin, Schauspielerin, Schweizerin, Ehefrau und mehr. Aber die wichtigste, zentrale Identität, die ich mit dir und jeder anderen Person auf der Erde teile, ist diese: menschlich.

Nur wenn wir zu dieser gemeinsamen Identität erwachen, können wir uns individuell und kollektiv aus den Problemen retten, vor denen wir auf der ganzen Welt stehen. Wir müssen unbedingt zusammenarbeiten, um Lösungen zu finden, mit denen die globalen Gifte umgewandelt werden können: systemischer Rassismus und systemische Homophobie, die Klimakrise, Pandemien, die Abholzung des Amazonasurwalds, die Massentierhaltung, der Verbrauch fossiler Brennstoffe, Atomwaffen, Plastikmüll und dergleichen mehr.

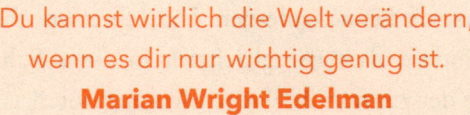

Du kannst wirklich die Welt verändern,
wenn es dir nur wichtig genug ist.
Marian Wright Edelman

Wenn du dich verloren, enttäuscht,
zögerlich oder schwach fühlst,
kehr zu dir selbst zurück,
zu dem, der du bist,
hier und jetzt,
und wenn du dort ankommst,
wirst du dich entdecken
wie eine Lotosblume in voller Blüte,
schön und stark selbst in einem schlammigen Teich.
Masaru Emoto

Du bist das Beste, was du hast.
Toni Morrison

Die universelle Lösung für alle Probleme, mit denen die Menschheit konfrontiert ist, besteht darin, uns als globales Team zusammenzufinden und unsere eigentlichen Wurzeln als Teil desselben Lebenskreislaufs anzuerkennen. Dass wir uns in diesem Geiste vereinen, ist meine Hoffnung und mein Gebet für zukünftige Generationen.

Am 7. November 2019 empfing New York mich mit offenen Armen, als wir durch die lebhaften Straßen gingen. Es war der Premierenabend von »Tina: The Tina Turner Musical« in Amerika, und ich war begeistert, als wir das Lunt-Fontanne Theatre erreichten und das golden glänzende Schild mit meinem Namen sahen. Die Broadway-Gala des Musicals war emotional und beschwingt, und ich kostete jede Minute aus. Unsere Gäste amüsierten sich alle blendend, was mich unheimlich stolz machte.

Als Erwin und ich in der folgenden Woche wieder zu Hause am Zürichsee waren, genossen wir einen ruhigen Moment im Garten damit, in den späten Herbsthimmel zu blicken, der im dunklen Rot des Sonnenuntergangs leuchtete. Bevor wir ins Haus gingen, blieben wir kurz stehen und lauschten einem Vogel, der wunderschön in der Ferne sang. Während die Töne verklangen, betraten wir die Küche, um ein gutes Abendessen zuzubereiten. Dabei unterhielten wir uns über meinen nahen Geburtstag, über die Zahl Acht und das Alter von achtzig Jahren. Beides hat eine spirituelle Bedeutung.

Als fleißige Leserin hatte ich mich mit dem Thema beschäftigt und allerhand interessante Informationen entdeckt.

Laut Nichiren hat Buddha Shakyamuni das gesamte Lotos-Sutra in acht Schriftzeichen zusammengefasst. Ihre Bedeutung lautet: »Du sollst aufstehen und sie von ferne so grüßen, wie du einem Buddha Achtung erweist.« Das weist darauf hin, dass der Geist des Lotos-Sutras und damit von Nam-Myoho-Renge-Kyo darin besteht, allen Lebewesen tiefen Respekt entgegenzubringen.

In vielen Kulturen Asiens gilt die Zahl Acht als verheißungsvoll, da sie Glück, Öffnung und Wachstum symbolisiert. Das liegt daran, dass sie in der traditionellen japanischen und chinesischen Schrift an einen sich verbreiternden Pfad oder eine sich öffnende Tür erinnert, was als Zeichen für »glückverheißend« gesehen wird.

Es heißt, im Alter von achtzig Jahren habe Shakyamuni die Anführer eines großen und mächtigen Königreichs, die ihre Nachbarländer erobern wollten, davon überzeugt, die Waffen niederzulegen und in friedlicher Koexistenz zu leben.

Auch Moses soll achtzig Jahre alt gewesen sein, als er zum ersten Mal vor dem Pharao für sein Volk eintrat.

Und die Lotosblume, das universelle Symbol des Buddhismus, hat acht Blütenblätter, weshalb mich die Zahl Acht daran erinnert. Als ich mir damals das Alter von achtzig Jahren bildlich vorstellte, sah ich zehn achtblättrige Lotosblüten in verschiedenen Farben am Himmel wirbeln wie eine pulsierende Szene aus einem Bollywood-Film.

Wenn ich darüber spreche, was es bedeutet, achtzig Jahre alt zu werden, fragt man mich manchmal: »Wenn du in die Vergangenheit zurückkreisen und in deinen achtzig Lebensjahren etwas ändern könntest, was wäre das dann?«

Meine Antwort: *Nichts!*

Das Gute, das Schlechte, das Hässliche und das Hübsche summiert sich alles zu mir. Ich akzeptiere meine Reise, voll und ganz. Würde ich die Vergangenheit ändern, dann auch mich, und ich mag mich genau so, wie ich bin. Weshalb sollte ich da etwas ändern?

Je nachdem, von wem die erwähnte Frage kommt, fordere ich sie oder ihn mit einer tieferen, philosophischeren Antwort heraus. Die lautet in etwa so: Ich habe meine Vergangenheit schon verändert, indem ich Gift in Medizin verwandelt und meinen Lebenszustand auf eine höhere Ebene gehoben habe. Dadurch hat sich auch meine Wahrnehmung der Vergangenheit verwandelt, und unsere Wahrnehmung bestimmt, welche Wirkung etwas auf uns hat. Wenn wir also die Art und Weise verändern, wie etwas Vergangenes uns beeinflusst, ändern wir praktisch auch die Vergangenheit.

Anders ausgedrückt: Da Vergangenheit, Gegenwart und Zukunft nahtlos miteinander verbunden sind, besitzt eine Veränderung im gegenwärtigen Moment die Kraft, eine Veränderung von allem in Ort und Zeit zu bewirken.

Wenn ich das von mir gebe, erklärt man mir zuweilen, ich höre mich an wie eine Jedi-Meisterin aus »Star Wars«, weshalb ich es nicht gar zu oft sage. Aber ich hoffe, du freust dich dennoch darüber, es zu hören.

Auf einer noch tieferen Ebene akzeptiere ich alles, was ich in der Vergangenheit durchgemacht habe, froh und dankbar, weil ich glaube, dass jede Einzelheit meines Lebens zugleich mein Karma und meine Bestimmung ist.

Wir werden alle mit einer Bestimmung geboren, mit einem Zweck, den nur wir erfüllen können.

Wenn du mit einem freudigen Gefühl der Sinnhaftigkeit lebst und dein Leben einem Zweck widmest, der über dein individuelles Selbst hinausgeht, kann jeder Aspekt deines Karmas zu einem leuchtenden Teil deiner Bestimmung werden. Dann kannst du Kummer und Widrigkeiten jeder Art in Freude, Stabilität, Gesundheit und Wohlstand verwandeln. Indem du aus Gift Medizin werden lässt und deine innere Revolution vollbringst, kannst du jede karmische Erfahrung dazu nutzen, anderen Mut zu machen, die unter den gleichen Problemen leiden, die du überwunden hast.

Du kannst eine Botschaft der Hoffnung verkünden, kannst zu einem strahlenden Schatz der Menschheit werden, wenn du erkennst, dass alle, die je gelebt haben, zu deiner größeren Familie gehören.

Während du auf diese Weise Licht verbreitest und aktiv Gutes auf der Welt tust, wird deine Energie mit überwältigender Positivität zu dir zurückströmen. Und wenn du dich weigerst, etwas Schlechtes weiterzugeben, das man dir zugefügt hat, kannst du dich von den Fesseln der Negativität befreien.

Verwende dein Leben für Frieden und Wohlwollen.

Geh weiter, bis du den Gipfel deiner glücklichsten Träume erklimmst.

Ich hoffe, dass das, was ich dir in diesem kleinen Buch geschenkt habe, dir auf deinem Weg zu neuer Erfüllung von Nutzen sein wird.

Danke, dass ich dir von meinem Leben erzählen durfte. Danke, dass du meinen Worten dein Herz und dein Denken geöffnet hast.

Auf deiner Reise zur Freude wünsche ich dir alles Gute. Ich verabschiede mich mit diesem letzten Gedanken, meinem größten Wunsch und meinem Gebet für dich:

Bitte
gib nie auf,

mach weiter
das Unmögliche möglich,

verwandle
Gift in Medizin,

damit du
wahrhaft glücklich werden kannst,

denn Glück steht dir zu
für immer.

Nachwort

von Regula Curti und Taro Gold

Regula Curti: Mein erstes Erlebnis mit Tina Turner stammt aus dem Jahr 1983. Damals war ich siebenundzwanzig und machte eine schwierige Zeit durch.

Ich bin in einer weltoffenen Schweizer Familie aufgewachsen, eingebettet in eine traditionelle Gesellschaft. Es war die Zeit der Frauenemanzipation. Zerrissen zwischen dem Wunsch, eine gehorsame Tochter zu sein, die es den anderen recht machen wollte, und meiner wilden, rebellischen Seite, befürchtete ich, womöglich nie mein wahres Potenzial leben zu können.

Mit zwanzig war ich freiwillig zur Schweizer Armee gegangen, in der Frauen die gleichen Rechte und Pflichten haben wie Männer. Dabei bekam ich eine Ahnung von einer modernen Frauenrolle. Damals lebte ich mit meinem ersten Mann in einem kleinen Dorf, versteckt in einem engen Tal. Meine physische und emotionale Furcht nahm zu, lebendig begraben zu werden.

Das änderte sich alles an einem kalten Novemberabend in einer Zürcher Konzerthalle, als ich Tina über die Bühne wirbeln sah. In ihrem glänzend roten Minirock wirkte sie wie ein schillernder Blitz.

Während ich ihre gefühlvolle und starke Stimme hörte, wusste ich, dass die Frau vor meinen Augen über grenzenlose Energie, Freiheit und Lebenskraft verfügt. Ich spürte, dass es mehr gab, was ich tun, was ich träumen, was ich werden konnte.

Als ich an jenem Abend aus dem Konzertsaal ging, ließ ich all meine Blockaden los. Selbst in meinen kühnsten Träumen hätte ich nicht erwartet, dass ein Rockkonzert eine derart lebensverändernde Erfahrung auslöst. Es war die bei Weitem größte Inspiration, die mir je eine Künstlerin oder ein Künstler geschenkt hat.

Im folgenden Jahr gelang Tina weltweit der Durchbruch als Solokünstlerin. Ich genoss es, ihre Musik im Radio und im Fernsehen zu hören. Tina hat mir geholfen, mein Leben in neue Bahnen zu lenken; und wenn ich ihre Stimme höre, erinnert mich das an das Glück, das ich am Abend meiner inneren Befreiung empfand.

Taro Gold: Die Naturgewalt, die Tina Turner verkörpert, ist mir zuerst am Silvesterabend 1981 begegnet. Ich war gerade zwölf geworden und hatte einige Tage frei, während ich auf Tournee mit einer Produktion des Broadway-Musicals »Evita« war.

Meine Erinnerung an diesen Abend beginnt erst damit, dass ich den Fernseher einschaltete. Als der Bildschirm aufleuchtete, sang und tanzte da eine Frau, die ich nicht kannte. Wie ein Wirbelwind aus reiner magnetischer Energie beherrschte sie die Bühne.

Wer in aller Welt ist das nur?, fragte ich mich.

Ich rief meine Mutter herbei. Vielleicht würde die wissen, wer die geheimnisvolle Frau war, da sie in etwa dasselbe Alter hatte.

»Die hab ich schon jahrelang nicht mehr gesehen«, sagte sie, »aber ich bin ziemlich sicher, dass es Tina ist. Toll sieht sie aus!«

»Tina?«, fragte ich. »Und weiter?«

»Tina Turner.«

Und im selben Moment, als ich ihren Namen hörte, war Tina fertig mit ihrem Set und verschwand. Es war ein mitreißender erster Eindruck, durch den sich ihre zeitlose Energie in mein Gedächtnis einbrannte.

Soweit ich weiß, sah ich Tina erst wieder, als ihr Hit »What's Love Got to Do With It« 1984 die Welt im Sturm eroberte. Bald war ihre freudige Ausstrahlung in allen Medien präsent, und meine Mutter ließ zu Hause oft Tinas meisterhaftes Album »Private Dancer« laufen.

Regula: Als 1989 die Berliner Mauer fiel, hatte ich genügend Selbstvertrauen und einen unabhängigen Geist aufgebaut. Meine innere Stimme wurde immer stärker; sie sagte mir, ich solle zuversichtlich sein und mir treu bleiben.

Inzwischen war ich beinah zehn Jahre verheiratet, wusste jedoch tief im Innern, dass das nicht die richtige Beziehung für mein Glück war. Eines Nachts träumte ich von einem großen, spiegelglatten See, an dessen gegenüberliegendem Ufer phantastische weiße Blumen blühten. Ich sprang ins Wasser und schwamm auf die Blüten zu. Das fühlte sich wie ein Sprung in die Zukunft an, hin zu Wahrheit und Freude.

Inspiriert durch Tinas Beispiel beschloss ich, meine Scheidung einzureichen.

Vier Jahre später lernte ich die Liebe meines Lebens kennen – Beat Curti, den ich bald heiratete.

Taro: Es war 1986, als mein Vater unerwartet starb. Um meine Trauer zu lindern und »Gift in Medizin zu verwandeln«, beschloss ich mitzumachen, wenn meine Mutter und meine japanischen Tanten gemeinsam täglich Nam-Myoho-Renge-Kyo chanteten.

Etwa sechs Monate später hörte ich ein Interview mit Tina, in dem sie von ihrer buddhistischen Praxis erzählte. Sie sagte, sie würde von einem Buch träumen, in dem sie über ihre spirituelle Reise berichtete und den Menschen Mut machte, ihre Träume nie aufzugeben.

Dabei spürte ich, wie in meinem Kopf etwas aufleuchtete. Es war wie ein Flüstern, mit dem mein Bewusstsein mir sagte: *Eines Tages wirst du ihr helfen, das zu tun.*

Damals war ich ein sechzehnjähriger junger Bursche, der in Südkalifornien am Strand abhing, weshalb ich mir nicht sicher war, was diese Botschaft zu bedeuten hatte. Aber mein Herz sagte mir, ich solle sie mir einprägen – für die Zukunft.

Regula: Im Jahr 2001 bat ein Freund meinen Mann Beat, sich mit Leuten zu treffen, die sich für eines der Häuser interessierten, in denen er gewohnt hatte. Offenbar wollten sie wissen, was für Veranstaltungen und Partys dort stattgefunden hatten, wer die früheren Bewohner waren und was sie über die Energie des Anwesens dachten.

Das Haus trug den Namen »Château Algonquin«, und zu unserer Überraschung handelte es sich bei den neuen Bewohnern um Tina Turner und ihren Lebensgefährten Erwin Bach.

Völlig unerwartet lud meine persönliche Heldin uns zum Abendessen ein. Ich war begeistert.

Beim Essen saßen wir an einem wunderschönen runden Tisch, den Tina mit einem herrlichen Kerzenleuchter, Ziergegenständen und weißen Blumen geschmückt hatte. Beim Gespräch über spirituelle Themen freundeten Tina und ich uns an. Ich hatte das Gefühl, als hätten wir uns schon ewig gekannt.

Es war wie ein wahr gewordener Traum, nur dass ich den gar nicht geträumt hatte. Oder vielleicht doch?

Schließlich lag das Haus an einem großen, spiegelglatten See, dem Zürichsee, und vor mir stand ein Arrangement aus wunderschönen weißen Blumen. Das war genau das, was ich zehn Jahre zuvor in meinem Traum gesehen hatte.

Taro: Nachdem ich 1994 meinen Universitätsabschluss gemacht hatte, zog ich in den Westen von Los Angeles. Bei einem Chanting-Treffen in der Nachbarschaft traf ich auf Ana und Wayne Shorter. Ana hatte durch ihre buddhistische Praxis große Schwierigkeiten überwunden, darunter eine ernste Suchtkrankheit, und erzählte mir, was das Leben sie gelehrt hatte. Wayne war eine Mischung aus musikalischem Meister, Bodhisattva, Santa Claus und einem weisen spirituellen Onkel, dessen prägnanter Stimme ich den ganzen Tag lang zuhören konnte.

Einige Jahre später lernte ich Tinas Sohn Craig kennen. Ihm gefiel, dass mein erster Vorname ebenfalls Craig lautete. So hatte man mich immer genannt, bis ich als Teenager beschloss, meinen mittleren Namen Taro zu verwenden.

Craig war immer sehr aufmerksam und freundlich. Er konnte ausgezeichnet kochen; ich habe köstliche vegane Mahlzeiten bei ihm genossen. Außerdem hörte ich von ihm – aber auch von Ana und Wayne – viel Schönes über seine Mutter.

Die drei erzählten mir, dass Tina den Menschen in ihrer Umgebung immer Mut machte, ihrer Tournee-Crew, den Fahrern, dem Hotelpersonal. Sie erkundigte sich bei allen, auf die sie traf, nach ihren Lebensumständen und gab ihnen warmherzige Ratschläge.

Wenn jemand sie bat, vom Chanten zu erzählen, schickte sie ihn immer zu Ana und Wayne. Dort schloss ich im Lauf der Jahre mit mehreren Leuten Freundschaft, die mir alle von Tinas tiefer Fürsorglichkeit und ihrer angeborenen Weisheit berichteten.

Als Tina in den späten Neunzigerjahren unter dem Titel »Wildest Dreams« auf Tour ging, bekam ich in Europa, Australien und den Vereinigten Staaten einen Backstage-Pass. Die Gesichter des Publikums, die ich auf dieser Tournee sah, waren unvergesslich. Egal, welches Alter, welchen ethnischen Hintergrund und welches Geschlecht jemand hatte – wo wir auch hinkamen, traten allen Tränen in die Augen, wenn Tina auf die Bühne kam.

Zuerst dachte ich, es würde nur denen in den vordersten Reihen so gehen, weil sie ganz in Tinas Nähe waren. Aber als ich nach hinten in die Arena ging, stellte ich dasselbe fest. Ich brach sogar selbst in Tränen aus. Im Lauf der Zeit war ich schon bei vielen Konzerten von verschiedenen Künstlern gewesen, aber so etwas hatte ich noch nie erlebt.

Alle vergossen Tränen, wenn sie Tina sahen. Aber weshalb?

Regula: Tinas Fähigkeit, Mitgefühl zu zeigen und mit anderen Menschen ihr Talent zu teilen, berührt mich immer wieder von Neuem. Ich vergoss Freudentränen, als sie mich 2009 einlud, an ihrer Feier zum siebzigsten Geburtstag für sie zu tanzen.

In diesem Jahr hatten wir zum ersten Mal musikalisch bei *Beyond Music* zusammengearbeitet, und als es auf Tinas Geburtstag zuging, bat sie mich, bei der privaten Feier zu ihren Tänzerinnen zu gehören.

Daraufhin übte sie mit fünf Freundinnen und mir dreimal

pro Woche die Tanzschritte für »Proud Mary«, »Steamy Windows« und »Simply The Best« ein. Sie war entschlossen, unser Potenzial zum Vorschein zu bringen, unsere verborgenen Eigenschaften und Stärken und unsere Schönheit.

Tina schulte unsere Bewegungen, unseren Ausdruck, gab uns Rat zu Schuhen, Kleidung, Frisur und Make-up. Sie hat ein Adlerauge für Details. Von Tina zu lernen, wie man auf der Bühne agiert, war wichtig für mich.

Diese Erfahrung hat mein Leben verwandelt, denn durch Tinas liebevolle Hinweise wurde ich zu einer besseren Interpretin. Seither fühle ich mich auf der Bühne frei und selbstsicher.

Tina hat mir gezeigt, dass ich Flügel habe – wie wir alle.

Taro: Ich sprach mit meinen Freunden, die mit Tina zusammenarbeiteten und mit ihr auf Tournee gingen, über meine Beobachtungen – dass alle im Publikum weinten, wenn Tina auf die Bühne kam. Das war zugleich mystisch, magisch und sehr real.

Als Erklärung hörte ich, dass Tina vor jedem Auftritt eine Stunde chantete und dabei für das wahre Glück von allen Konzertbesuchern betete. Sie betete darum, das ausstrahlen zu können, was jede einzelne Person brauchte, um Hoffnung im Herzen zu spüren.

Das also war es, was ich in all den Gesichtern auf der ganzen Welt sah. Tinas Wunsch für das Glück der Menschen war so stark und rein, dass er ein ganzes Stadion zu Tränen rührte.

Regula: An dem Tag, als Taro und ich uns kennenlernten, erwähnte ich, dass Tina mir oft von ihrem lang gehegten Wunsch erzählt hatte, ein inspirierendes Buch über ihre spirituelle Reise zu schreiben. Sie habe jedoch das Gefühl, der richtige

Zeitpunkt sei noch nicht gekommen, und sie wolle jemanden als Co-Autor finden, der ebenfalls mit der buddhistischen Praxis vertraut sei.

Ich hatte einige von Taros Büchern gelesen, und während wir uns beim Tee unterhielten, wurde mir klar, dass er in derselben buddhistischen Richtung praktizierte wie Tina. Worauf ich ihm sofort vorschlug, wir beide könnten Tina gemeinsam dabei unterstützen, das Buch zu schreiben, von dem sie träumte.

Anschließend stellten Taro und ich ein Konzept zusammen, das wir mit Tina und Erwin besprachen. Zu dieser Zeit hatte Tina jedoch zunehmend komplexere gesundheitliche Probleme. Obwohl wir alle begeistert von unserem Buchprojekt waren, beschlossen wir zu warten, bis sie sich erholt hatte.

Taro: In den Zweitausenderjahren schrieb ich einige Bestseller über die östliche Weisheit und andere Dinge, die ich in Japan erfahren hatte. Dort hatte ich als Teenager und später als Student eine Weile gelebt. Ich genoss es, Lesereisen durch die Vereinigten Staaten und andere Länder zu machen.

Seit ich 1995 meinen späteren Mann Wendell kennengelernt hatte, reisten wir außerdem gemeinsam durch die Welt. Ab 2005 kamen wir dabei auch mindestens einmal im Jahr in die Schweiz.

Durch einen glücklichen Zufall lernte ich 2014 dort Regula kennen.

Bei einer Tasse Tee unterhielten wir uns über unsere gemeinsame Begeisterung für das buddhistische Chanten und entdeckten, auf welch geheimnisvolle Weise Tinas Lebenslinien sich mit unseren geschnitten hatten.

Regula: Es war ein Segen, dass Tina ihre gesundheitlichen Herausforderungen überwinden konnte, worauf wir im Frühjahr 2019 mit der Herzensarbeit begannen, das Buch zusammenzustellen. Tina hat mir gesagt, es sei ihr größtes Geschenk, ihre spirituelle Geschichte mit der Welt zu teilen.

Taro: Das war es, was ich mir mit sechzehn Jahren für die Zukunft eingeprägt hatte, und jetzt wurde es mir endlich klar. Das Leben hatte einen Weg gefunden, alles in Einklang zu bringen. In dem Sinne sagte Regula einmal zu mir: »Die große Kraft des Universums hat unsere Wege zusammengeführt.«

Regula und Taro: Wir haben es uns zur Aufgabe gemacht, in diesem Buch das leuchten zu lassen, was Tina uns schenkt. Und während wir Tina dabei unterstützten, das auszudrücken, was sie in ihrem Innern erforscht hat, haben wir selbst viel gewonnen. Tinas Weisheit inspiriert uns dazu, freundlicher mit uns selbst und anderen umzugehen, tiefer in uns nach Antworten zu suchen und heute mehr Freude zu empfinden als gestern. Mit ihrem ständig suchenden Geist bringt sie uns dazu, besser zu erkennen, was in unserem Leben möglich ist.

Tina erinnert uns daran, den Spiegel unseres Lebens zu polieren, damit wir klar sehen und alles zum Besseren wenden können.

Wir laden dich ein, mit Tina diesen Weg zu gehen.

Regula Curti und Taro Gold

Danksagung

Tina: Mein aufrichtiger Dank gilt Regula Curti und Taro Gold, die mir so engagiert geholfen haben, meine Gedanken mitzuteilen.

Tina, Regula und Taro: Von Herzen danken wir unseren Männern Erwin, Beat und Wendell für ihre unschätzbare Unterstützung bei der Arbeit an diesem Buch.

Danken möchten wir auch Anna Wichmann, der Looping Group, Richard Pine und Peter Borland für ihre literarische Kompetenz, Dr. Neil de Grasse Tyson und Dr. Andrew Barron für ihre scharfsinnigen wissenschaftlichen Beiträge und Erkenntnisse und den vielen anderen hinter den Kulissen, die dazu beigetragen haben, dieses Buch erstrahlen zu lassen.

Glossar

Abhängiges Entstehen: »Kein Mensch ist eine Insel«, schreibt der Dichter John Donne. Abhängiges Entstehen ist die buddhistische Lehre von der wechselseitigen Abhängigkeit aller Dinge. Danach existieren keinerlei Wesen oder Phänomene aus sich heraus; sie existieren oder ereignen sich durch ihre Beziehung zu anderen Wesen und durch Ursache und Wirkung. Das bedeutet, dass nichts unabhängig von anderem existieren oder isoliert entstehen kann. Wenn wir unsere angeborene Verbundenheit mit allen Wesen und Situationen erkennen, veranlasst uns das dazu, Mitgefühl für andere zu empfinden. Auch als »bedingtes Entstehen« oder »Kausalität« bezeichnet.

Alaya: die achte Bewusstseinsschicht des Geistes, ein Speicher, in dem die Ergebnisse all unserer Gedanken, Worte und Taten aufbewahrt werden, ferner all unsere persönlichen Erinnerungen, ob bewusst und unbewusst, sowie das kollektive Gedächtnis der gesamten Menschheit. Auch als »Alaya-Bewusstsein« oder »Speicherbewusstsein« bezeichnet. Siehe auch: *Neun Bewusstseinsschichten.*

Amala: die neunte Bewusstseinsschicht des Geistes, die leuchtende Ebene unserer Buddha-Natur, unser größeres Selbst und die reine Lebenskraft, die nicht durch karmische Ansammlungen verunreinigt werden kann und die ein Gefühl der Transzendenz hervorbringt. Auch als »Amala-Bewusstsein« oder »reines Bewusstsein« bezeichnet. Siehe auch: *Neun Bewusstseinsschichten.*

Ashram: ein Ort für religiöse Retreats (siehe dort), vor allem in Südasien.

Bodhi-Baum: eine Baumart der Gattung Feigen, auch als »Baum des Wissens« oder »Baum des Erwachens« bezeichnet, weil es heißt, der Buddha sei erwacht, während er unter einem großen Bodhi-Baum saß.

Bodhisattva: ein Wesen, das nach Erwachen (Buddhaschaft) strebt. Als seine vorherrschende Eigenschaft gilt Mitgefühl, weil es sich zum Wohle anderer altruistisch verhält. Im Sanskrit bedeutet *bodhi* »Erwachen« und *sattva* »Essenz« oder »Lebewesen«.

Buddha: ein »Erwachter«, das heißt eine Person, die die wahre Natur und die Unbeständigkeit aller Phänomene erkennt und zudem andere zum Erwachen führt. Die Buddha-Natur, eine unzerstörbare Lebenskraft, existiert in allen Wesen und ist durch Weisheit, Mut und Mitgefühl gekennzeichnet.

Buddha-Natur, auch größeres Selbst: Nach buddhistischem Verständnis ist allen Menschen eine Buddha-Natur zu eigen, ein angeborenes Potenzial zu erwachen. Außerdem der Seins- und Lebenszustand eines Buddhas.

Buddha Shakyamuni: der historische Buddha, auch als »Siddhartha Gautama« oder »Buddha Gautama« bezeichnet, der vor zweieinhalb Jahrtausenden von etwa 560 bis 480 vor unserer Zeitrechnung lebte. Begründer des Buddhismus. Zu seinen gesammelten Unterweisungen, den Sutras, gehört das Lotos-Sutra, das häufig als seine höchste Lehre betrachtet wird. *Shakyamuni* bedeutet »Weiser aus dem Shakya-Clan«.

Buddhismus: ein Spektrum an spirituellen Traditionen, die sich auf die ursprünglichen Lehren von Buddha Shakyamuni beziehen. Die Anhänger dieser viertgrößten Weltreligion stellen ungefähr zehn Prozent der Erdbevölkerung.

Butsudan: japanisch für »buddhistischer Altar«. In den Zentren der SGI und dem Heim buddhistischer Praktizierender dieser Richtung enthält er den Gohonzon, ein Schriftzeichenmandala.

Chakra: Das Sanskrit-Wort *cakrá* bedeutet »Rad«; in der alten medizinischen Überlieferung des Ostens wird es für wichtige Energiepunkte und die Bewegung der Energie im Körper verwendet. Das Dharmachakra oder Rad des Gesetzes steht sinnbildlich für die Lehren des Buddhismus, indem es symbolisiert, dass sich das Rad des Erwachens dreht.

Chanten oder Chanting: eine spirituelle Meditations- und Gebetsübung, bestehend meist aus dem wiederholten Sprechen oder Singen eines Mantras wie Nam-Myoho-Renge-Kyo.

Daimoku: japanisch für »Titel«. Bezieht sich auf Nam-Myoho-Renge-Kyo, den Titel des Lotos-Sutras.

Drei Gifte: Gier, Ärger und Dummheit (Letztere wird manchmal auch als »Unwissenheit« oder »Torheit« bezeichnet). Nach der buddhistischen Lehre sind die drei Gifte die fundamentalen Übel im Leben. Durch sie entstehen Leiden. Sie sind die Quellen aller Illusionen und irdischen Begierden, die Unglück verursachen.

Ego: Das Ego ist ein Gefühl des Getrenntseins und der Dualität beziehungsweise die Vorstellung, anders als andere oder ihnen überlegen zu sein. Es ist die falsche Wahrnehmung, man wäre ein Wesen, das abgetrennt vom großen Gewebe des Lebens und von anderen existiert. Oft führt das zu einem Gefühl von Selbstgefälligkeit, Arroganz und Ärger.

Einheit von Selbst und Umgebung: Wenn wir uns selbst verändern, so verändert sich zugleich auch unsere Umgebung, lehrt uns dieses buddhistische Prinzip. Es verdeutlicht die Tatsache, dass die Trennung zwischen uns selbst und unserer Umgebung eine Illusion ist; in Wirklichkeit sind unser inneres Leben und die äußere Welt ein und dasselbe. Unsere Umgebung, zum Beispiel unser Beruf, unser Heim, unsere Familie und unsere Freunde, spiegelt unseren inneren Zustand wider. Obwohl ein Lebewesen und seine Umwelt zwei voneinander getrennte Phänomene zu sein scheinen, sind sie im Grunde nicht dual und zwei Aspekte einer einzigen Realität.

Erwachen: das Erlangen der Buddhaschaft in der gegenwärtigen Gestalt als gewöhnliche Person. Laut dem Lotos-Sutra ist es nicht notwendig, irgendwelche Eigenschaften von sich selbst zu verändern, um ein erwachtes Wesen zu werden.

Geringeres Selbst: ein eingeschränktes Selbstempfinden, mit dem man weder Empathie noch Mitgefühl spüren kann. Es ist das Ego, das uns an egoistische Wünsche fesseln und dadurch Leiden für uns und andere verursachen kann.

Gohonzon: ein Schriftzeichen-Mandala, das in der buddhistischen Tradition der Sōka Gakkai als Fokus dient, während das Mantra Nam-Myoho-Renge-Kyo gechantet wird. Als physische Verkörperung von Nam-Myoho-Renge-Kyo drückt der Gohonzon die erleuchteten Aspekte der Zehn Welten aus, vor allem die Buddhaschaft, die alle Menschen von Geburt an besitzen. *Go* ist eine japanische Vorsilbe, die »achtenswert« bedeutet, *honzon* bedeutet »grundlegendes Objekt«. Nichiren bezeichnet den Gohonzon als »grundlegendes Objekt (Mandala) zur Beobachtung des eigenen Geistes«.

Gongyo: ein japanischer Ausdruck mit der wörtlichen Bedeutung »sich der Praxis hingeben«. In der Sōka Gakkai die Praxis, zweimal täglich zwei Abschnitte aus dem zweiten und sechzehnten Kapitel des Lotos-Sutras zu rezitieren und Nam-Myoho-Renge-Kyo zu chanten.

Größeres Selbst: ein umfassendes Gefühl des Selbst, mit dem man sich vollständig in das Leiden von anderen einfühlen kann. Es wurzelt in Weisheit und in Achtung vor der Würde allen Lebens und dessen wechselseitiger Abhängigkeit. Wer durch altruistisches Handeln gegen seine Selbstbezogenheit angeht, dehnt sein geringeres Selbst aus, um das Ideal des größeren Selbst zu erreichen.

Karma (individuell): Sanskrit für »Wirken« oder »Tat«. Die Lehre vom Karma basiert auf dem Gesetz von Ursache und Wirkung. Die Ursache ist hier die Ansammlung unseres vergangenen Handelns in Gedanken, Worten und Taten. Sie ist in unserem Innern als potenzielle Energie vorhanden, bis sich Umstände ergeben, durch die sich etwas davon als Wirkung manifestiert. Das individuelle Karma sind also die karmischen Folgen für den Mikrokosmos eines bestimmten Lebewesens.

Karma (kollektiv): Neben dem individuellen gibt es auch ein kollektives Karma. Als Familie, als Nachbarschaft, als Gesellschaft, als Nation, als

Menschheit, als globale Gemeinschaft von Lebewesen und so weiter unterliegen wir den karmischen Folgen im großen Gewebe des Lebens. Auch wenn wir als Individuum nicht direkt an einer bestimmten Handlung in unserer Gesellschaft oder der Welt teilgenommen haben, erfahren wir ebenfalls die Folgen davon, weil wir mit der größeren Gruppe verbunden sind. Das kollektive Karma sind also die karmischen Folgen für den Makrokosmos unserer ganzen Welt.

Karmische Muster: gewohnheitsmäßige beziehungsweise unterbewusste Verhaltensweisen und Einstellungen, zu deren Wiederholung wir uns gezwungen fühlen.

Lotos-Sutra: Nach einer verbreiteten Ansicht enthält das Lotos-Sutra die höchsten Lehren von Buddha Shakyamuni. Seine Essenz ist sein Titel Nam-Myoho-Renge-Kyo. Wird dieser gechantet und praktiziert, kann er allen das Tor zum Erwachen öffnen. Auch als »Lotos-Sutra vom wunderbaren Gesetz« oder »Sutra der Lotosblüte des wunderbaren Dharmas« bezeichnet, ist es eine chinesische Übertragung der auf Sanskrit verfassten Schrift *Saddharma-pundarika-sutra*, im Jahre 406 von dem buddhistischen Gelehrten Kumarajiva zusammengestellt. Es besteht aus acht Bänden und achtundzwanzig Kapiteln. Siehe auch: *Nichiren-Buddhismus.*

Mandala: ein spirituelles Objekt der Verehrung oder Konzentration sowie Symbol für das Erwachen. In der japanischen Überlieferung finden sich Mandalas oft in Form von Schriftrollen, auf denen Buddhas, Bodhisattvas, die verschiedenen Lebenszustände der Lebewesen und andere religiöse Symbole dargestellt sind. Siehe auch: *Gohonzon.*

Mantra: Sanskrit für »Werkzeug« oder »Instrument des Geistes«. Mantras sind im Allgemeinen kurze Wortreihen oder Sätze, die gesprochen, gesungen oder gechantet werden (wie Nam-Myoho-Renge-Kyo). Sie werden als Meditationsform oder zur Aktivierung von Geist und Gemüt verwendet.

Menschliche Revolution: der Prozess, durch den unser Charakter positiv umgewandelt wird. Dabei werden die Fesseln des egobezogenen »geringeren Selbst« durchbrochen. Wir entdecken unser »größeres Selbst« und erleben eine innere Verwandlung hin zu tiefem Mitgefühl und zu der Freude, zum Wohle anderer Menschen und letztlich zu dem aller Lebewesen zu handeln.

Neun Bewusstseinsschichten: neun Arten der Wahrnehmung. Die ersten fünf Schichten entsprechen den fünf Sinnen (Sehen, Hören, Riechen, Schmecken und Tasten).

Die sechste Schicht integriert und übersetzt die Wahrnehmung der fünf Sinne in zusammenhängende Bilder und trifft Urteile über die äußere, physische Welt.

Die siebte Schicht entspricht unserer inneren Welt. Aus ihr entspringen die Wahrnehmung des Egos (des geringeren Selbst) und die Anhaftung daran. Die siebte Bewusstseinsebene ist ferner das Reich der Vorstellungskraft, und auf dieser Ebene wird zwischen Richtig und Falsch unterschieden. Siehe auch: *Ego* und *Geringeres Selbst*.

Die achte Schicht, auch als »Alaya-Bewusstsein« bezeichnet, existiert auf der unterbewussten Ebene unseres Geistes, in der alle früheren Gedanken, Worte und Taten (unser Karma) gespeichert werden. Sie enthält die Summe unseres positiven und negativen Karmas. Die gespeicherten karmischen »Potenziale« oder »Samen« rufen jeweils entsprechende positive oder negative Folgen hervor. Siehe auch: *Alaya*.

Die neunte Schicht ist das Amala-Bewusstsein. Dieses ist frei von allen karmischen Verunreinigungen und wird als »Basis aller Lebensfunktionen« und als »fundamentales reines Bewusstsein« bezeichnet. Als Verkörperung des Amala-Bewusstseins und damit der höchsten Wirklichkeit der Buddhaschaft hat Nichiren den Gohonzon geschaffen. Siehe auch: *Amala*.

Nichiren-Buddhismus: eine buddhistische Richtung, die sich auf die Lehren des japanischen religiösen Erneuerers und Philosophen Nichiren (1222–1282) bezieht. Nach Nichiren enthält Nam-Myoho-Renge-

Kyo, der Titel (Daimoku) des Lotos-Sutras, die Essenz der buddhistischen Lehren.

Phönix: ein Symbol für eine positive Verwandlung gegen alle Schwierigkeiten. In der klassischen Mythologie ist der Phönix ein Vogel, der nach mehreren hundert Lebensjahren verbrennt, um aus seiner Asche neu zu entstehen. Dabei ist er immer stärker, weiser und mächtiger als zuvor.

Rad des Gesetzes: ein Symbol für die Lehren des Buddhismus. Die Belehrungen eines Buddhas werden in den Schriften oft als »Drehen des Rades des Gesetzes« bezeichnet. Im Nichiren-Buddhismus ist vom »Mystischen Gesetz von Ursache und Wirkung« die Rede, das gleichbedeutend mit Nam-Myoho-Renge-Kyo ist.

Sangha: eine Gemeinschaft von buddhistischen Gläubigen (Sanskrit wörtlich »Menge, Schar«).

SGI: siehe *Sōka Gakkai International (SGI)*.

Shogun: vom japanischen Kaiser verliehener Titel der Militärherrscher in vormoderner Zeit. In der Kamakura-Zeit (1185–1333), als Nichiren lebte, und dann wieder von 1603 bis 1867 wurde Japan von Shogunen regiert, die neben dem Militär auch die Außen- und Innenpolitik in der Hand hatten.

Shogunat: Regierungssystem in Form einer feudalistischen Militärdiktatur, an dessen Spitze ein Shogun stand.

Sōka Gakkai International (SGI): gemeinschaftsbasiertes buddhistisches Netzwerk für Anhänger des Nichiren-Buddhismus mit Mitgliedern in 192 Staaten und Territorien. Die SGI fördert kulturellen Austausch, Bildung und Frieden auf der Grundlage von persönlicher Transformation und durch soziale Aktivitäten. Der japanische Begriff *sōka gakkai* bedeutet »werteschaffende Gesellschaft«.

Sutra: Sanskrit für »Faden«. Bezieht sich auf Sammlungen von buddhistischen Lehren und Lehrreden.

Ursache und Wirkung: das buddhistische Prinzip, nach dem alle Handlungen (Gedanken, Worte und Taten) je nach Eigenschaft und Absicht einer Handlung positive oder negative Folgen haben. Diese Folgen werden nicht als Belohnung oder Bestrafung gesehen, sondern nur als konsequentes Ergebnis. Der Buddhismus lehrt, dass das Gesetz von Ursache und Wirkung universell und für alle Lebewesen gültig ist und dass es vergangene, gegenwärtige und zukünftige Existenzen umspannt. Auch als »Mystisches Gesetz von Ursache und Wirkung« oder als »Kausalität« bezeichnet, bildet es die Grundlage der Lehre vom Karma.

Vier Edle Wahrheiten: eine grundlegende Lehre des Buddhismus, die die wahre Ursache des Leidens und den Weg zur Befreiung beziehungsweise zur totalen Freiheit erläutert. Die Vier Edlen Wahrheiten sind: erstens die Wahrheit des Leidens aller Wesen; zweitens die Wahrheit über die Ursache des Leidens, nämlich selbstsüchtiges Verlangen; drittens die Wahrheit über die Beendigung des Leidens, nämlich das Erlöschen des selbstsüchtigen Verlangens, was uns ermöglicht, einen Zustand des vollständigen Glücks zu erreichen; und viertens die Wahrheit über den Pfad zur Beendigung des Leidens.

Zehn Welten: Dem Lotos-Sutra zufolge ist jede der Zehn Welten ein potenzieller Seins- oder Lebenszustand von Lebewesen. Die Zehn Welten sind: Hölle (Leiden oder abgrundtiefe Verzweiflung), Hunger (unersättliche Begierden), Animalität (unkontrolliertes instinktives Verhalten), Ärger (Anhaftung an das Ego, Konflikte, Überheblichkeit), Ruhe (relative Ruhe), Himmel (vorübergehende Freude), Lernen (Suchen der Wahrheit durch die Lehren oder Erfahrungen von anderen), Erkenntnis (Verstehen der Wahrheit durch eigene Anstrengung), Bodhisattva (Mitgefühl, Altruismus, Streben nach Erwachen für uns selbst und andere) und Buddhaschaft (totale Freiheit, Ganzheit, absolutes Glück, ein grenzenloses Gefühl der Einheit mit der Lebenskraft des Universums). Jede »Welt« enthält in sich das Potenzial für alle anderen Welten.

Literaturhinweise

Lawrence Edward Carter: *A Baptist Preacher's Buddhist Teacher*. Santa Monica: Middleway Press 2018.

Richard Causton: *Der Buddha des Alltags. Einführung in den Buddhismus Nichiren Daishonins*. Mörfelden-Walldorf: SGI Deutschland 1998.

Josef Derbolav und Daisaku Ikeda: *Auf der Suche nach einer neuen Humanität*. München: Nymphenburger 1988.

Taro Gold: *Living Wabi Sabi. The True Beauty of Your Life*. Kansas City: Andrews McMeel 2004.

Herbie Hancock: *Möglichkeiten. Die Autobiografie*. Höfen: Hannibal 2018.

Herbie Hancock, Daisaku Ikeda und Wayne Shorter: *Weisen des Lebens. Improvisationen über Jazz, Buddhismus und Glück*. Freiburg i. Br.: Herder 2018.

Stephen Hawking: *Kurze Antworten auf große Fragen*. Stuttgart: Klett-Cotta 2018.

Woody Hochswender, Greg Martin and Ted Morino: *Der Buddha – das bist DU*. Ramerberg: EchnAton 2014.

Daisaku Ikeda: *Das Buch vom Glück. Das buddhistische Verständnis von Leben und Tod*. Freiburg i Br.: Herder 2014.

Max Jammer: *Einstein und die Religion*. Konstanz: Universitäts-Verlag 1995.

Martin Luther King Jr.: *Warum wir nicht warten können*. Düsseldorf: Econ 1964.

Lotos-Sutra: Das große Erleuchtungsbuch des Buddhismus. Übersetzung Margareta von Borsig. Freiburg i. Br.: Herder 2019.

Michelle Mercer: *Footprints. The Life & Work of Wayne Shorter*. New York: Penguin 2007.

Matthieu Ricard und Trinh Xuan Thuan: *Quantum und Lotus. Vom Urknall zur Erleuchtung*. München: Goldmann 2001.

Tina Turner und Kurt Loder. *Ich, Tina: Mein Leben*. München: Goldmann 1986.

Tina Turner mit Deborah Davis und Dominik Wichmann: *My Love Story. Die Autobiografie*. München: Penguin 2018.

Neil de Grasse Tyson und Donald Goldsmith: *Origins*. New York: W. W. Norton 2005.

Über die Autorinnen und den Autor

Tina Turner

Tina Turner, geboren als Anna Mae Bullock, ist eine Sängerin, Tänzerin und Schauspielerin, deren Karriere mehr als sechzig Jahre umspannt. Als geliebter Musikstar hat sie über zweihundert Millionen Tonträger und mehr Konzerttickets als alle anderen Solokünstler der Geschichte verkauft. Im privaten Leben ist Tina eine zutiefst spirituelle Person, die es als ihre Aufgabe sieht, andere Menschen durch das zu ermutigen, was sie aus vielen schwer erkämpften Siegen gelernt hat. Seit über drei Jahrzehnten greift sie auf den reichen Schatz ihrer Erfahrungen zurück, um Verwandten und Freunden persönlich zu vermitteln, wie man bleibendes Glück im Leben erschafft. Jetzt freut sie sich, in diesem Buch die Geschichte ihrer spirituellen Reise zu erzählen, damit diese anderen von Nutzen sein kann. Nachdem sie sich zufrieden von ihrer legendären Karriere im Entertainment zurückgezogen hat, lebt Tina mit ihrem seit vierunddreißig Jahren geliebten Lebensgefährten, ihrem Mann Erwin Bach, in der Schweiz. *My Love Story,* ihre Lebenserinnerungen, waren ein internationaler Bestseller.

tinaturnerofficial.com
Instagram: @tinaturner
Facebook.com/tinaturner
tina-turner.rocks

Regula Curti

Regula Curti ist Musikerin, Musiktherapeutin, Lehrerin und Gründerin der Seeschau »House of Sacred Arts« am Zürichsee und der Beyond Foundation. Sie ist die treibende unternehmerische und kreative Kraft hinter *Beyond Music*, einer globalen digitalen Plattform, die sie 2007 gegründet hat. Mit einem Master in Musik- und Kunsttherapie ausgestattet, ist es Regulas leidenschaftliches Anliegen, der heilenden und einigenden Kraft der Musik Raum zu schaffen. *Beyond Music* unterstützt die Zusammenarbeit von Sänger*innen und Musiker*innen aus unterschiedlichen Kulturen, um Frieden und Toleranz zu fördern. Auf den ersten vier erfolgreichen, mit Gold und Platin ausgezeichneten interreligiösen Alben, die sie produziert hat, ist sie auch als Sängerin zu hören: *»Beyond – Buddhist and Christian Prayers«*, *»Children Beyond«*, *»Love Within Beyond«* und *»Awakening Beyond«*. Dabei hat sie mit Tina zusammengearbeitet. Seit drei Jahrzehnten wohnt Regula mit ihrem Mann Beat Curti in Zürich. Gemeinsam haben sie die Beyond Foundation gegründet.

beyond-foundation.org
Instagram: @regula.curti
Facebook.com/beyond

Taro Gold

Taro Gold ist Autor von sieben inspirierenden Büchern, von denen eines zu Tinas Lieblingslektüre zählt: *Living Wabi Sabi: The True Beauty of Your Life.* Andere populäre Titel sind *The Tao of Mom, The Tao of Dad, What Is Love?* und *Open Your Mind, Open Your Life.* Daneben hat er viel für buddhistische Publikationen geschrieben, darunter für die Zeitung *World Tribune* und das Magazin *Living Buddhism.* In seiner Jugend war Taro Mitglied einer Tourneetruppe, die »Evita« und andere Broadway-Musicals wie »Falsettos« und »Peter Pan« zur Aufführung brachte. Sein universelles Weltbild ist durch Reisen in mehr als vierzig Ländern und dadurch geprägt, dass er in Australien, Spanien und Japan lebte, wo er als erster Amerikaner einen Abschluss an der Tokioter Soka-Universität gemacht hat. Heute lebt Taro mit seinem besten Freund seit fünfundzwanzig Jahren – seinem Mann Wendell Brown – in den Vereinigten Staaten. Zum Haushalt gehört Magic, ein italienischer Windhund.

tarogold.com
Twitter: @tarogold
Instagram: @tarogold

Fotos im Bildteil

S. 1 u. Carol Holladay
S. 1 o. Johnson Publishing Company Archive. Courtesy of the Ford Foundation,
J. Paul Getty Trust, John D. and Catherine T. MacArthur Foundation,
Andrew W. Mellon Foundation and
Smithsonian Institution (im Folgenden »JPCA«)
S. 2 o. JPCA
S. 2 u. JPCA
S. 3 JPCA
S. 4 o. © 1981 Lynn Goldsmith
S. 4 u. © 1981 Lynn Goldsmith
S. 5 o. Carol Holladay
S. 5 u. Brian Lanker Archive
S. 6 o. Carol Holladay
S. 6 u. Paul Warner/WireImages via Getty Images
S. 7 o. Tina Turner
S. 7 u. Xaver Walser/Urs Gantner
S. 8 Xaver Walser/Taro Gold